中国式现代化与乡村振兴系列丛书

总主编：魏礼群　主　编：张照新　朱立志

推动农民农村共同富裕

杭　静 ◆ 编著

中国出版集团
研究出版社

图书在版编目(CIP)数据

推动农民农村共同富裕/杭静编著.——北京：研究出版社，2024.1
ISBN 978-7-5199-1576-6

Ⅰ.①推… Ⅱ.①杭… Ⅲ.①农民-共同富裕-研究-中国 Ⅳ.①F124.7

中国国家版本馆CIP数据核字(2023)第177501号

出 品 人：赵卜慧
出版统筹：丁　波
责任编辑：朱唯唯

推动农民农村共同富裕
TUIDONG NONGMIN NONGCUN GONGTONG FUYU

杭静　编著

研究出版社 出版发行

（100006　北京市东城区灯市口大街100号华腾商务楼）
北京云浩印刷有限责任公司　新华书店经销
2024年1月第1版　2024年1月第1次印刷
开本：880毫米×1230毫米　1/32　印张：6.375
字数：142千字
ISBN 978-7-5199-1576-6　定价：38.50元
电话（010）64217619　64217612（发行部）

版权所有·侵权必究
凡购买本社图书，如有印制质量问题，我社负责调换。

序

以习近平同志为核心的党中央高度重视"三农"工作。随着脱贫攻坚战的圆满收官，我国解决了绝对贫困问题，全面建成小康社会，实现了第一个百年奋斗目标，已迈入第二个百年奋斗目标的新征程。党的二十大报告提出，到本世纪中叶，全面建成社会主义现代化强国。而全面建设社会主义现代化国家，最艰巨最繁重的任务依然在农村。要坚持农业农村优先发展，坚持城乡融合发展，畅通城乡要素流动，加快建设农业强国，扎实推动乡村产业、人才、文化、生态、组织振兴。全面推进乡村振兴，是新时代新征程推进和拓展中国式现代化的重大任务。

2023年是贯彻落实党的二十大精神的开局之年。中央1号文件强调，要抓好两个底线任务，扎实推进乡村发展、乡村建设、乡村治理等乡村振兴重点工作，建设宜居宜业和美乡村，为全面建设社会主义现代化国家开好局起好步打下坚实基础。

任务既定，重在落实。进入"十四五"以来，党中央、国务院围绕保障粮食安全、巩固拓展脱贫攻坚成果、防止规模性返贫和全面推进乡村振兴重点工作，出台了一系列政策文件和法律法规，"三农"发展方向、发展目标、重点任务更加明确，工作机制、工作体系、工作方法更加完善，为乡村振兴战略推进奠定了基础。但是，由于"三农"工作是一个系统工程，涉及乡村经济、社会各个领域、各个环节、各类主体，仍然可能面临不少理论和实践问题。例如，如何处理农民与土地的关系、新型农业经营主体与小农户的关系、粮食安全与农民增收的关系、乡村发展与乡村建设的关系等等。全面推动乡村振兴工作的落实落地,需要深入研究许多问题和困难挑战。

习近平总书记指出,问题是时代的声音,回答并指导解决问题是理论的根本任务。理论工作者要增强问题意识,聚焦实践遇到的新问题、改革发展稳定存在的深层次问题、人民群众急难愁盼问题、国际变局中的重大问题、党的建设面临的突出问题,不断提出有效解决问题的新理念新思路新办法。

我们欣喜地看到,近年来,有些"三农"领域的理论工作者已经开始站在实现中国式现代化的新高度,加快推进农业强国建设,开展相关的理论研究和实践探索工作,并形成了一批成果。本套丛书的出版,可以说就是一次有益的尝试。丛书全套分六册,其中:

《夯实粮食安全根基》,系统介绍了粮食安全相关的基础知识和保障粮食安全涉及的粮食生产、储备、流通、贸易等多方面政策,通俗易懂地解答了人们普遍关心的粮食安全领域热点难点民生问题。

《加快乡村产业振兴》,结合乡村产业发展涉及的产业布局优化、产业融合发展、绿色化品牌化发展、产业创新发展,分门别类地就热点问题进行了概念解读、理论分析和政策阐释,并结合部分先进地区的发展经验,提供了部分可资借鉴的发展模式和案例。

《构建现代农业经营体系》,在阐释相关理论和政策、明晰相关概念和定义的基础上,回答了现代农业经营体系建设相关工作思路的形成过程、支持鼓励和保障性政策的主要内容、各项政策推出的背景和意义、政策落实的关键措施、主要参与主体、发展模式等问题。

《推动农民农村共同富裕》,围绕农民就业增收、经营增效增收、就业权益保障、挖掘增收潜力等多个方面，详细介绍了促进农民收入增长的政策、路径和方法。

《促进农户合作共赢》，通过对农民专业合作社的设立、组织机构、财务管理、产品认证、生产经营、年度报告、扶持政策等内容进行全面的解读，为成立农民专业合作社过程中在经营管理、财务管理、政策扶持等方面有疑问的读者提供了参考建议。

《建设宜居宜业和美乡村》，在系统梳理宜居宜业和美乡村建设已有做法、经验的基础上，全面介绍了农村厕所革命、农村生活污水治理、农村生活垃圾治理、村容村貌提升、农业废弃物资源化利用、乡村治理等领域的基础知识、基本情况、政策要求、技术路径、方法要领和典型模式，以及发达国家的做法经验。

六册丛书以乡村发展为主，同时涵盖了乡村建设和乡村治理两个领域，具有重要参考价值和指导意义。各册内容总体上分章节形式，体现清晰的逻辑思路；在章节内采取一问一答形式，便于使用者精准找到自己想要的问题答案。部分书册节录了部分法律和政策文件，可供实际操作人员查阅参考。

在丛书的选题以及编写过程中，各位作者得到了研究出版社社长赵卜慧、责任编辑朱唯唯等的大力支持和帮助，在此一并致谢！同时，由于水平所限，书中难免存在问题和不足之处，请予以指正。

本套丛书付梓之际，应邀写了以上文字，是为序。

魏礼群

二〇二三年十月

目录

第一编 农民增收的意义与目标任务

- 003　促进农民收入持续增长的重要意义是什么?
- 004　我国脱贫攻坚取得了怎样的胜利成果?
- 006　促进农民增加收入的政策方向是什么?
- 008　我国农民收入来源有哪些?
- 010　当前我国农民收入增长呈现什么样的趋势?
- 013　农民工资性收入整体水平如何?
- 015　农民经营净收入整体情况如何?
- 016　农民财产净收入和转移净收入整体情况如何?
- 018　新时代促进农民增收的目标任务是什么?
- 019　如何巩固拓展脱贫攻坚成果?

第二编 农村劳动力转移

- 023　当前我国农村劳动力转移规模如何?

024　农村劳动力转移有什么区域特征？

026　当前我国农村劳动力转移行业分布有什么特点？

027　新生代农民工具有什么样的特点？

029　当前农村劳动力转移出现什么新趋势？

030　推进东西部人社协作有哪些工作任务？

034　农村劳动力可以通过哪些途径获取就业信息？

035　什么是百日千万网络招聘专项行动？

036　什么是新就业形态？

038　什么是劳务品牌？我国劳务品牌整体发展情况如何？

040　全国各地区最低工资标准是多少？

042　国家在农民工职业技能培训方面有哪些举措？

044　什么是"雨露计划"？

045　什么是农民工"求学圆梦行动"？

047　什么是高技能人才培训基地和技能大师工作室？

049　什么是职业培训补贴和职业技能鉴定补贴？

叁

第三编 拓宽农民就业渠道

055　《"十四五"就业促进规划》中提及了哪些农民就业新渠道？

057　国家出台了哪些政策支持农民工返乡创业？

060　准备进城就业或自主创业的农村劳动者如何参加政府组织的就业创业培训？

061 农民工等返乡入乡创业享受什么样的财税政策支持?

063 农民工等返乡入乡创业享受什么样的金融政策支持?

065 各地在探索返乡创业发展的过程中有哪些典型经验可以借鉴?

070 如何让农民更多分享产业增值收益?

072 农民工返乡就业创业有哪些机会?

075 依托各类园区加强返乡入乡创业园建设有什么工作指引?

076 什么是农村创新创业带头人培育行动?

078 返乡创业农民工和农村自主创业农民是否可以申请创业担保贷款?

081 以工代赈在新时代如何带动当地群众就业增收?

肆

|第四编| 农村劳动力就业服务与保障

087 国家关于保护农民就业权益的政策措施有哪些?

088 什么是"春风行动"?

091 如何解决农民工工资拖欠问题?

092 外出务工要和用人单位签订劳动合同吗?

094 新就业形态劳动者和平台之间是什么关系?

094 如何维护新就业形态劳动者劳动保障权益?

097 地方在维护新就业形态劳动者权益方面有哪些举措?

099 如何维护好超龄农民工就业权益?

100　农民工与用人单位发生劳动争议可以通过什么途径化解纠纷？

102　农民工如何参加社会保险？

103　国家对农民工参加工伤保险是怎么规定的？

104　如何有序推进农业转移人口市民化？

106　如何保障农民工随迁子女平等接受教育的权利？

108　进城农民土地承包经营权和宅基地使用权如何保障？

伍

|第五编| 农业经营增效增收

113　促进农业经营增效农民增收有哪些着力点？

114　稳定家庭承包经营的核心是什么？

115　什么是双层经营体制？

116　我国粮食主产区有哪些省份（区、市）？

121　什么是"新一轮千亿斤粮食产能提升行动"？

122　粮食经营应当遵守哪些规定？

124　如何促进其他重要农产品稳产保供？

127　科技兴农如何助产增收？

130　针对新型农业经营主体的扶持政策有哪些？

135　如何推进农业社会化服务持续发展？

137　小农户如何融入现代化大农业？

139　乡村可以发展哪些特色产业？

140	供销合作社在"三农"服务中发挥什么作用？
142	什么是县域流通服务网络建设提升行动？
144	数字乡村发展的战略目标和重点任务是什么？
148	全国数字乡村建设取得了哪些进展和成效？

陆

|第六编| 支农护农稳增收

155	我国财政支农体系是什么样的？
156	目前我国农产品价格形成机制是什么样的？
158	什么是"农业支持保护补贴"？
160	金融支农有哪些政策组合拳？
164	我国农业保险改革发展的方向是什么？
166	农业保险如何发挥农民"定心丸"作用？
167	社会资本投资农业农村的重点领域和投入方式是什么？
169	新时代农业农村人才建设的规划是什么？

柒

|第七编| 深化改革挖潜力

| 175 | 赋予农民更加充分的财产权益的着力点是什么？ |

- 176 农村土地"三权分置"改革的核心内涵是什么？
- 178 农民土地承包经营权确权登记颁证进展如何？
- 179 土地经营权可以流转抵押吗？
- 181 如何盘活闲置宅基地和闲置住宅？
- 183 如何规范农村集体经营性建设用地入市？
- 187 农村集体经营性建设用地使用权可以抵押贷款吗？
- 188 新修订的《中华人民共和国土地管理法》对土地征收有什么新规定？
- 190 如何盘活农村集体资产资源？

富裕

第一编 农民增收的意义与目标任务

● 促进农民收入持续增长的重要意义是什么？

增加农民收入是"三农"工作的中心任务。党的十八大以来，以习近平同志为核心的党中央坚持把解决好"三农"问题作为全党工作的重中之重，全面打赢脱贫攻坚战，启动实施乡村振兴战略，农业现代化成就辉煌，农业农村发展取得历史性成就、发生历史性变革。

农业综合生产能力进一步夯实，粮食等重要农产品保障水平稳步提升。农业供给侧结构性改革深入推进，农业质量和综合效益明显提升，农业创新体系加快构建，科技装备水平整体提升。新型经营主体发展壮大，农业多种形式适度规模经营水平不断提升。乡村富民产业加快发展，产业融合发展水平明显提升。农业绿色发展扎实推进，乡村生态环境显著改善。农村改革全面深化，活力动力进一步激发。城乡区域协调发展水平持续提高，农民同步迈入全面建成小康社会。

"中国要强农业必须强，中国要美农村必须美，中国要富农民必须富"。尽管"三农"工作取得了显著成就，但农业基础还不稳固，城乡区域发展仍不平衡，城乡居民收入差距仍然较大。全面建设社会主义现代化国家，实现中华民族伟大复兴，最艰巨最繁重的任务依然在农村，最广泛最深厚的基础依然在农村。

习近平总书记在 2020 年中央农村工作会议上强调，在向第二个百年奋斗目标迈进的历史关口，巩固和拓展脱贫攻坚成果、全面推进乡村振兴、加快农业农村现代化，是需要全党高度重视的一个关系大局的重大问题。全党务必充分认识新发展阶段做好"三农"工作的重要性和紧迫性，坚持把解决好"三农"问题作为全党工作重中之重，举全党全社会之力推动乡村振兴，促进农业高质高效、乡村宜居宜业、农民富裕富足。

习近平总书记在 2022 年中央农村工作会议上指出，全面推进乡村振兴是新时代建设农业强国的重要任务，人力投入、物力配置、财力保障都要转移到乡村振兴上来。要全面推进产业、人才、文化、生态、组织"五个振兴"，统筹部署、协同推进，抓住重点、补齐短板。产业振兴是乡村振兴的重中之重，要落实产业帮扶政策，做好"土特产"文章，依托农业农村特色资源，向开发农业多种功能、挖掘乡村多元价值要效益，向一二三产业融合发展要效益，强龙头、补链条、兴业态、树品牌，推动乡村产业全链条升级，增强市场竞争力和可持续发展能力。巩固拓展脱贫攻坚成果是全面推进乡村振兴的底线任务，要继续压紧压实责任，把脱贫人口和脱贫地区的帮扶政策衔接好、措施落到位，坚决防止出现整村整乡返贫现象。要坚持把增加农民收入作为"三农"工作的中心任务，千方百计拓宽农民增收致富渠道。

新时代新征程，当前和今后一个时期，坚持把促进农民增收作为实施乡村振兴战略的中心任务，通过深入实施乡村振兴战略，实现农业稳定发展，农村和谐稳定，农民幸福安康，为全面建设社会主义现代化国家开好局、起好步、打下坚实基础。

⬤ 我国脱贫攻坚取得了怎样的胜利成果？

全国脱贫攻坚总结表彰大会于 2021 年 2 月 25 日在北京召开，在大会上，习近平总书记庄严宣告：我国脱贫攻坚战取得了全面胜利！

经过全党全国各族人民共同努力，在迎来中国共产党成立 100 周年的重要时刻，我国脱贫攻坚战取得了全面胜利，现行标准下 9899 万农村贫困人口全部脱贫，832 个贫困县全部摘帽，12.8 万个贫困村全部出列，区域性整体贫困得到解决，完成了消除绝对贫困的艰巨任务，创造了又一个彪炳史册的人间奇迹。虽遭遇新冠疫情影响，我国依然如期完成新时代脱贫攻坚目标任务，走出了一条中国特色减贫道路，提前10年完成联合国2030年可持续发展议程的减贫目标。

1994年，新中国第一个有明确目标、对象、措施和期限的扶贫开发工作纲领《国家八七扶贫攻坚计划》出台，要求力争在20世纪末最后的7年内，基本解决全国8000万贫困人口的温饱问题。2001年，党中央召开扶贫开发工作会议，国务院印发《中国农村扶贫开发纲要（2001—2010年）》，中国扶贫开发在取得重要阶段性进展基础上，继续向纵深推进。2011年，党中央召开扶贫开发工作会议，中共中央、国务院印发《中国农村扶贫开发纲要（2011—2020年）》。中国扶贫开发从以解决温饱为主要任务的阶段转入巩固温饱成果、加快脱贫致富、改善生态环境、提高发展能力、缩小发展差距的新阶段。新世纪两个为期十年的农村扶贫开发纲要，两次提高扶贫标准。截至2012年底，现行扶贫标准下尚有9899万农村贫困人口，贫困发生率为10.2%，比全球90%以上国家的人口都多。

由于"大水漫灌式"的扶贫难以惠及所有贫困人口，2013年，习近平总书记在考察湖南花垣县十八洞村时，首次提出了"精准扶贫"的概念，强调扶贫要实事求是，因地制宜。习近平总书记亲自指挥、亲自部署、亲自督战，走遍14个集中连片特困地区，考察调研了20多个贫困村。全党全社会共同行动，在精准扶贫方略指引下，瞄准扶持谁、谁来扶、怎么扶、如何退问题，构建了体现社会主义制度优势并行之有效的帮扶体系。做到"六个精准"，即：扶贫对象精准、项目安排精准、资金使用精准、措施到户精准、因村派人精准、脱贫成效精准。实施"五个一批",即:发展生产脱贫一批、易地扶贫搬迁脱贫一批、生态补偿脱贫一批、发展教育脱贫一批、社会保障兜底一批。国家扶贫政策精准"滴灌"每个贫困户。

在脱贫攻坚工作中,数百万扶贫干部倾力奉献、苦干实干,同贫困群众想在一起、过在一起、干在一起,将最美的年华无私奉献给了脱贫事业,涌现出许多感人肺腑的先进事迹。1800多名同志将生命定格在了脱贫攻坚征程上。

打赢了脱贫攻坚战,贫困人口收入水平大幅度提高,农村贫困人口不愁吃、不愁穿;贫困地区生产生活条件明显改善,义务教育、基本医疗和住房安全得到保障。自主脱贫能力稳步增强,经济社会发展明显加快。

脱贫攻坚,深刻改变了贫困地区落后面貌,有力推动了中国农村整体发展,补齐了全面建成小康社会最突出短板,为全面建设社会主义现代化国家、实现第二个百年奋斗目标奠定了坚实基础。

● 促进农民增加收入的政策方向是什么?

2004年,新世纪以来的首个中央一号文件《关于促进农民增加收入若干政策的意见》出台,文件以农民收入为主题,强调政府要为农民增收创造条件和提供制度保障。此后,中央连续出台了19个指导"三农"工作的一号文件,表明党中央加强"三农"工作的鲜明态度,发出重农强农的强烈信号。党的十九大着眼于实现"两个一百年"奋斗目标做出重大部署,提出乡村振兴战略。促进农民增收是实施乡村振兴战略的中心任务。党的二十大报告提出:"发展乡村特色产业,拓宽农民增收致富渠道。"

2023年是落实党的二十大精神的开局之年。2023年中央一号文件《中共中央、国务院关于做好2023年全面推进乡村振兴重点工作的意见》提出从三个方面拓宽农民增收致富渠道。

1. 促进农民就业增收。强化各项稳岗纾困政策落实，加大对中小微企业稳岗倾斜力度，稳定农民工就业。促进农民工职业技能提升。完善农民工工资支付监测预警机制。维护好超龄农民工就业权益。加快完善灵活就业人员权益保障制度。加强返乡入乡创业园、农村创业孵化实训基地等建设。在政府投资重点工程和农业农村基础设施建设项目中推广以工代赈，适当提高劳务报酬发放比例。

2. 促进农业经营增效。深入开展新型农业经营主体提升行动，支持家庭农场组建农民合作社、合作社根据发展需要办企业，带动小农户合作经营、共同增收。实施农业社会化服务促进行动，大力发展代耕代种、代管代收、全程托管等社会化服务，鼓励区域性综合服务平台建设，促进农业节本增效、提质增效、营销增效。引导土地经营权有序流转，发展农业适度规模经营。总结地方"小田并大田"等经验，探索在农民自愿前提下，结合农田建设、土地整治逐步解决细碎化问题。完善对社会资本投资农业农村的指引，加强资本下乡引入、使用、退出的全过程监管。健全社会资本通过流转取得土地经营权的资格审查、项目审核和风险防范制度，切实保障农民利益。坚持为农服务和政事分开、社企分开，持续深化供销合作社综合改革。

3. 赋予农民更加充分的财产权益。深化农村土地制度改革，扎实搞好确权，稳步推进赋权，有序实现活权，让农民更多分享改革红利。研究制定第二轮土地承包到期后再延长30年试点工作指导意见。稳慎推进农村宅基地制度改革试点，切实摸清底数，加快房地一体宅基地确权登记颁证，加强规范管理，妥善化解历史遗留问题，探索宅基地"三权分置"有效实现形式。深化农村集体经营性建设用地入市试点，探索建立兼顾国家、农村集体经济组织和农民利益的土地增值收益有效调节机制。保障进城落户农民合法土地权益，鼓励依法自愿有偿转让。巩固提升农村集体产权制度改革成果，构建产权关系明晰、治理架构科学、经营方式稳健、收益分配合理的运行机制，探索资源发包、物业出租、居间服务、资产参股等多样化途径发展新型农村集体经济。健全农村集体资产监管体系。保障妇女在农村集体经济组织中的合法权益。继续深化集体林权制度改革。深入推进农村综合改革试点示范。

◉ 我国农民收入来源有哪些？

从收入来源看，农民收入包括四个部分：工资性收入、家庭经营收入、财产性收入和转移性收入。

工资性收入，指农村住户成员受雇于单位或个人，靠出卖劳动而获得的收入。

家庭经营收入，指农村住户以家庭为生产经营单位进行生产筹划和管理而获得的收入。农村住户家庭经营活动按行业划分为农业、林业、牧业、渔业、工业、建筑业、交通运输业邮电业、批发和零售贸易餐饮业、社会服务业、文教卫生业和其他家庭经营。

财产性收入，指金融资产或有形非生产性资产的所有者向其他机构单位提供资金或将有形非生产性资产供其支配，作为回报而从中获得的收入。

转移性收入，指农村住户和住户成员无须付出任何对应物而获得的货物、服务、资金或资产所有权等，不包括无偿提供的用于固定资本形成的资金。一般情况下，指农村住户在二次分配中的所有收入。

从 2012 年四季度起，国家统计局分别对城乡住户调查实施了一体化改革，规范了城乡划分范围，统一了城乡居民收入指标名称、分类和统计标准，建立了城乡统一的一体化住户调查，并据此采集全国城乡居民有关数据。居民可支配收入指居民可用于最终消费支出和储蓄的总和，即居民可用于自由支配的收入。既包括现金收入，也包括实物收入。按照收入的来源，城镇居民和农村居民的可支配收入包含四项：工资性收入、经营净收入、财产净收入和转移净收入。

工资性收入，指就业人员通过各种途径得到的全部劳动报酬和各种福利，包括受雇于单位或个人、从事各种自由职业、兼职和零星劳动得到的全部劳动报酬和福利。

经营净收入，指住户或住户成员从事生产经营活动所获得的净收入，是全部经营收入中扣除经营费用、生产性固定资产折旧和生产税之后得到的净收入。

财产净收入，指住户或住户成员将其所拥有的金融资产、住房等非金融资产和自然资源交由其他机构单位、住户或个人支配而获得的回报并扣除相关的费用之后得到的净收入。财产净收入包括利息净收入、红利收入、储蓄性保险净收益、转让承包土地经营权租金净收入、出租房屋净收入、出租其他资产净收入和自有住房折算净租金等。财产净收入不包括转让资产所有权的溢价所得。

转移净收入，是由转移性收入减去转移性支出所得。转移性收入指国家、单位、社会团体对住户的各种经常性转移支付和住户之间的经常性收入转移。包括养老金或退休金、社会救济和补助、政策性生产补贴、政策性生活补贴、救灾款、经常性捐赠和赔偿、报销医疗费、住户之间的赡养收入，本住户非常住成员寄回带回的收入等。转移性收入不包括住户之间的实物馈赠。转移性支出指调查户对国家、单位、住户或个人的经常性或义务性转移支付。包括缴纳的税款、各项社会保障支出、赡养支出、经常性捐赠和赔偿支出以及其他经常转移支出等。

当前和今后一个时期，促进农民增收，政策端始终围绕工资性收入、经营净收入、财产净收入、转移净收入这四个方面发力，不断优化政策供给，优化收入结构，培育壮大乡村产业，支持农民外出务工，持续深化农村改革，积极拓展增收渠道，构建促进农民收入稳步增长的长效政策机制。

● 当前我国农民收入增长呈现什么样的趋势？

农民收入问题是"三农"问题的核心。党中央、国务院高度重视农民增收，按照"多予少取放活""工业反哺农业、城市支持农村"的方针，不断强化强农惠农富农政策，成效显著。党的十八大以来，农民收入持续较快增长，2019年提前一年实现收入较2010年翻一番的目标，2022年农民人均可支配收入首次突破2万元，达到20133元，增长6.3%，扣除价格因素，实际增长4.2%。2022年，脱贫县农村居民人均可支配收入15111元，比上年增长7.5%，扣除价格因素，实际增长5.4%，快于全国农村居民收入增速。城乡居民可支配收入之比由2021年的2.50降至2.45。

一、农民收入持续增长

2004—2022年,农村居民人均可支配收入绝对值持续增长,从3027元增加至20133元,增幅明显。但从增速看,农民收入增长率已经进入下降通道,受经济下行影响,2010—2020年农民收入实际增速由15.4%下降至6.9%。

城乡居民收入差距比,从2008年开始呈缩小趋势,从2008年的3.16缩小至2022年的2.45,连续14年平稳下降,收入差距缩小趋势明显。但城乡居民收入相对差距在缩小,绝对差距还在扩大。

"十三五"期间,农村居民人均可支配收入从2015年的11421.7元增长至2020年的17131.5元,年均实际增长率6%,农村居民人均消费支出由2015年的9222.3元提高到2020年的13713.4元,年均实际增长率8.3%,农民获得感、幸福感显著提升。

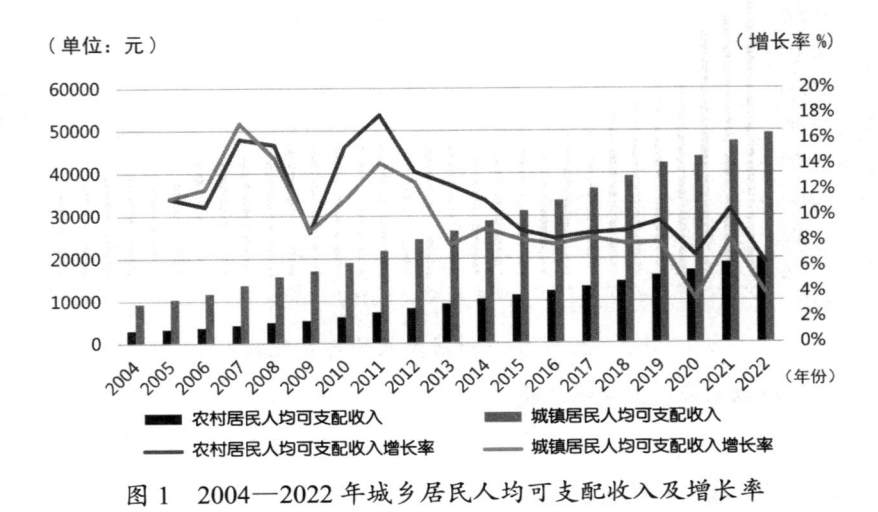

图1 2004—2022年城乡居民人均可支配收入及增长率

数据来源:国家统计局。

二、区域间收入存在差异

我国农村居民人均可支配收入在不同区域间存在差异,从东到西依次递减,2021 年,东部地区农民人均可支配收入为 23556.1 元,东北地区为 18280.4 元,中部地区为 17857.5 元,西部地区为 15608.2 元。从增长速度来看,2015—2021 年,东部地区农村居民人均可支配收入年均增长率 8.68%,中部地区为 8.54%,西部地区为 9.42%,东北地区为 8.05%,西部地区增长速度最快,东北地区增长速度最慢。

分地区看,农村居民人均可支配收入最高的 6 个省(市、自治区)依次是:上海、浙江、北京、天津、江苏、福建。

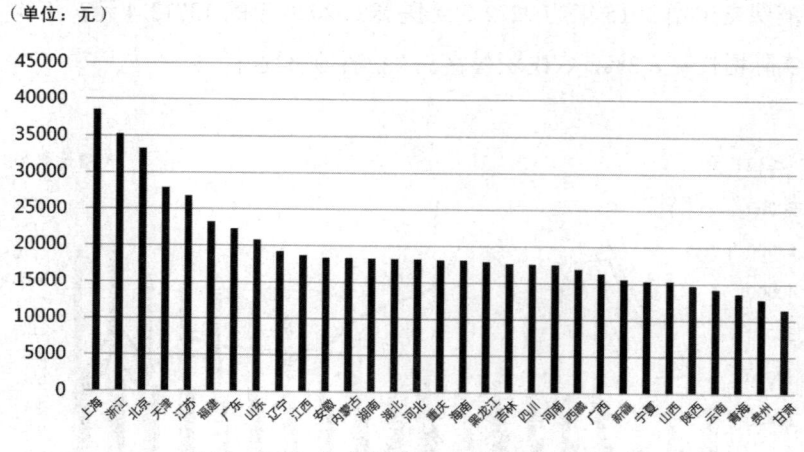

(单位:元)

图 2　2021 年农村居民人均可支配收入

数据来源:国家统计局。

三、收入结构更加优化

从收入来源看,2021 年工资性收入、经营净收入、财产净收入、转移净收入占农村居民人均可支配收入的比重分别为：42.04%、34.68%、2.48%、20.8%。工资性收入绝对量值最大，是农民收入的最大来源，工资性收入稳，农民增收的基本盘就稳。财产净收入占比最小，增收空间最大。

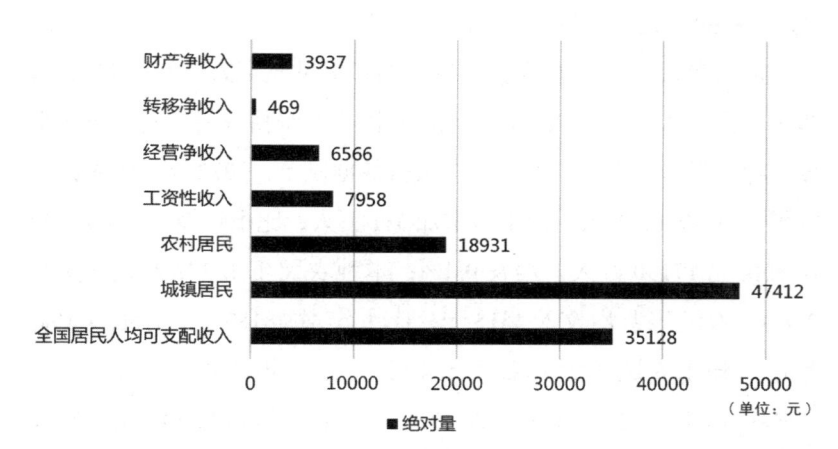

项目	绝对量（元）
财产净收入	3937
转移净收入	469
经营净收入	6566
工资性收入	7958
农村居民	18931
城镇居民	47412
全国居民人均可支配收入	35128

图3 2021年全国及城乡居民人均可支配收入

数据来源：国家统计局。

● 农民工资性收入整体水平如何？

近年来，农民工资性收入大幅增长，是农民增收的重要贡献力量。2015年，农民工资性收入为4600元，占可支配收入比首次超过经营净收入，农民收入结构发生重要变化。2022年农民人均可支配收入为20133元，首次突破2万元大关，增长6.3%，扣除价格因素，实际增长4.2%，高于城镇居民人均可支配收入的实际增长率1.9%。农民人均可支配收入较快增长，得益于农村居民工资性收入相对较快增长。分城乡看，城镇居民人均工资性收入增长3.9%，农村居民人均工资性收入增长6.2%。城乡居民收入比由上年的2.50降至2.45，城乡居民收入相对差距继续缩小。

分地区来看，2021年，工资性收入最高的6个地区分别为：上海24971.9元、北京23433.8元、浙江21433.8元、天津15749.2元、江苏13109.2元、广东12765元。

农村劳动力转移在为我国经济增长提供充足人口红利的同时，也为农民收入创造了强劲增长点。农民工是维持农村家庭增收的主要支撑。据全国农民工监测调查报告数据显示，2022年全国农民工规模达到29562万人，比上年增加311万人，比上年增长1.1%。外出农民工17190万人，增长0.1%；本地农民工12372万人，增长2.4%。农民工月均收入4615元，比上年增加183元，增长4.1%。其中，外出农民工月均收入5240元，比上年增加227元，增长4.5%；本地农民工月均收入4026元，比上年增加148元，增长3.8%。外出农民工月均收入增速比本地农民工快0.7个百分点。从2016—2022年数据看，仅2016年和2020年，本地农民工收入增速超外地农民工，其余5年均是外地农民工收入增速快于本地农民工，本地农民工增收仍有较大潜力。

分区域看，2022年，东部地区农民工收入增速快于其他地区。在东部地区就业的农民工月均收入5001元，比上年增加214元，增长4.5%；在中部地区就业的农民工月均收入4386元，比上年增加181元，增长4.3%；在西部地区就业的农民工月均收入4238元，比上年增加160元，增长3.9%；在东北地区就业的农民工月均收入3848元，比上年增加35元，增长0.9%。

分行业看，2022年，六大行业收入均保持增长。从事制造业农民工月均收入4694元，比上年增加186元，增长4.1%；从事建筑业农民工月均收入5358元，比上年增加217元，增长4.2%；从事批发和零售业农民工月均收入3979元，比上年增加183元，增长4.8%；从事交通运输仓储和邮政业农民工月均收入5301元，比上年增加150元，增长2.9%；从事住宿餐饮业农民工月均收入3824元，比上年增加186元，增长5.1%；从事居民服务修理和其他服务业农民工月均收入3874元，比上年增加164元，增长4.4%。

● **农民经营净收入整体情况如何？**

以家庭承包经营为基础、统分结合的双层经营体制的确立，解放了农村生产力，调动了广大农民的生产经营积极性，农村社会生产力迅速发展，农民家庭经营收入大幅增加。随着我国农业农村形势的发展，家庭经营收入在经历了爆发式增长、低速增长、负增长、恢复性增长后进入了稳步增长阶段。

近年来，我国农业经营增效提升显著，农产品增值空间不断拓展。面对疫情灾情交织叠加，国际粮价剧烈波动，还有农资价格高企等多重冲击的严峻形势，我国粮食生产仍实现连年丰收，保持稳中有进、稳中向好的势头。2022年我国粮食总产量13731亿斤，连续8年稳定在1.3万亿斤以上，实现历史罕见的"十九连丰"。主要农产品量增质优价好，推动农民家庭经营收入稳步增长。家庭经营收入曾是农民收入主要来源，占农民收入比重最高曾达76%。2022年，经营净收入占农民收入的34.63%，其中六成多来自农业经营收入。

2021年，农村居民人均经营净收入6566元，增加489元，增长8.05%，增速比上年上涨2.58个百分点。分地区来看，农村居民经营净收入最高的 6 个省（自治区）中农民家庭经营收入最高的 6 个省（自治区）从高到低依次是：吉林、内蒙古、黑龙江、辽宁、福建、浙江；其中，吉林、黑龙江、内蒙古、辽宁均为我国粮食主产区。

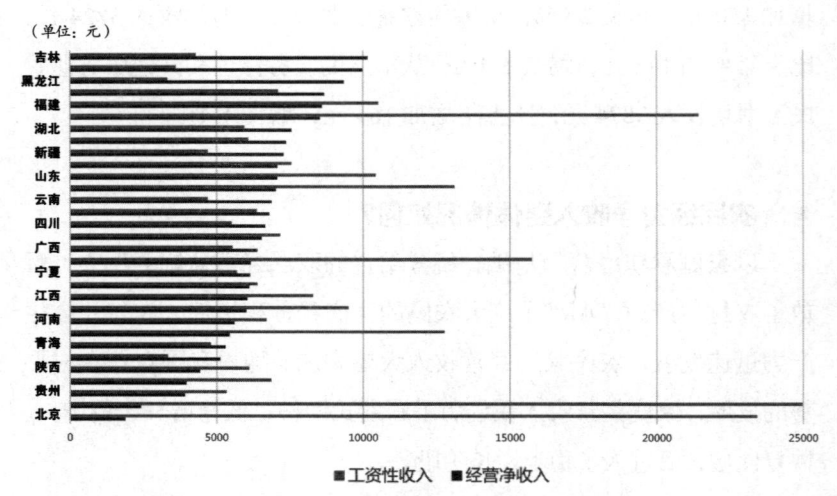

图 4　2021 年分地区农村居民人均工资性收入和经营净收入

数据来源：国家统计局。

● 农民财产净收入和转移净收入整体情况如何？

当前，农村居民财产净收入明显少于城镇居民，是收入来源中的绝对短板。根据国家统计局数据，2021 年农村居民财产净收入仅为 469 元，占可支配收入的比重为 2.48%，已是自 2004 年以来的最高占比。2022 年，农村居民人均财产净收入为 509 元，不到城镇居民同期收入的 1/10，还有非常大的增收潜力可以挖掘。深化农村土地制度改革，扎实搞好确权，稳步推进赋权，有序实现活权，赋予农民更加充分的财产权益，创造条件增加农民财产净收入。

2021年农村居民转移净收入为3937元，占可支配收入的比重为20.8%，是农民特别是脱贫人口、农村低收入人口收入的重要组成部分。农村居民转移净收入随着我国强农惠农富农政策力度的不断加大而持续增加，收入占比从2004年的5.38%，稳步扩大至2021年的20.8%。

分地区看，我国农村居民财产净收入最高的地区为北京，为3442.0元，是第二高地区天津的2.7倍。财产净收入最低的地区是贵州，仅为124.5元。农村居民转移净收入最高的地区为上海，为9859.3元，是第二高地区江苏的1.7倍。转移净收入最低的地区是河北，为2275.2元，其次是云南，为2413.1元。

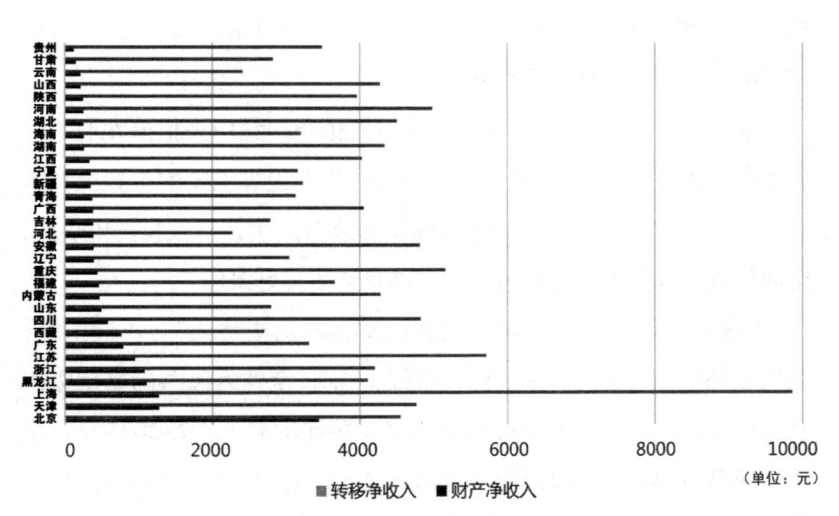

图5 2021年分地区农村居民人均财产净收入和转移净收入

数据来源：国家统计局。

● 新时代促进农民增收的目标任务是什么？

党的十八大首次正式提出全面建成小康社会，"确保到 2020 年实现全面建成小康社会的宏伟目标"。进一步明确了"两个一百年"奋斗目标，即在中国共产党成立 100 年时全面建成小康社会，在中华人民共和国成立 100 年时建成社会主义现代化国家。

2012 年，党的十八大首次提出了居民收入倍增目标，到 2020 年，城乡居民收入比 2010 年翻一番的目标。2019 年，农民收入翻番目标提前实现，当年农村居民人均可支配收入达到 16021 元，比 2010 年翻了一番。2020 年虽面对新冠疫情冲击，但各地着力稳就业、促创业、兴产业，农民收入逐季好转，全年实际增长 3.8%，人均可支配收入达 17131 元。贫困地区农民收入增长更快，"十三五"期间年均增长 7.87%，高于全国农村平均水平 1.87 个百分点，与全国人民一道同步实现小康目标。

党的十八大以来，以习近平同志为核心的党中央把握发展阶段新变化，把逐步实现全体人民共同富裕摆在更加重要的位置上，推动区域协调发展，采取有力措施保障和改善民生，打赢脱贫攻坚战，全面建成小康社会，为促进共同富裕创造了良好条件。

"现在，已经到了扎实推动共同富裕的历史阶段"。不同阶段，共同富裕的目标也不同：到"十四五"末，全体人民共同富裕迈出坚实步伐，居民收入和实际消费水平差距逐步缩小。到 2035 年，全体人民共同富裕取得更为明显的实质性进展，基本公共服务实现均等化。到本世纪中叶，全体人民共同富裕基本实现，居民收入和实际消费水平差距缩小到合理区间。

"共同富裕是全体人民共同富裕，促进共同富裕，最艰巨最繁重的任务仍然在农村"。党的十九届五中全会分析指出我国城乡区域发展和收入分配差距较大，并提出到 2035 年基本实现社会主义现代化远景目标，其中明确城乡居民人均收入将再迈上新的大台阶；居民收入增长和经济增长基本同步，分配结构明显改善；城乡区域发展差距和居民生活水平差距显著缩小。全体人民共同富裕迈出坚实步伐。

农业农村发展站在了新的历史起点上，"三农"工作的重心历史性地转向全面推进乡村振兴。当前和今后一个时期，促进农民增收是实施乡村振兴战略的中心任务。在乡村振兴战略实施进程中，要实现农民收入不断迈上新台阶，让亿万农民赶上共同富裕的道路，实现全体人民共同富裕，共创人民群众的美好幸福生活。

● 如何巩固拓展脱贫攻坚成果？

打赢脱贫攻坚战之后，要全面推进乡村振兴，这是中国"三农"工作重心的历史性转移。脱贫摘帽不是终点，而是新生活、新奋斗的起点。巩固拓展脱贫攻坚成果、防止发生规模性返贫，是全面推进乡村振兴的底线任务。中共中央、国务院印发《关于实现巩固拓展脱贫攻坚成果同乡村振兴有效衔接的意见》，从顶层设计做出全面安排部署，从财政投入、金融服务、土地支持、人才智力支持等方面做好政策衔接工作。

基本思路：脱贫攻坚目标任务完成后，设立 5 年过渡期。脱贫地区要根据形势变化，理清工作思路，做好过渡期内领导体制、工作体系、发展规划、政策举措、考核机制等有效衔接，从解决建档立卡贫困人口"两不愁三保障"为重点转向实现乡村产业兴旺、生态宜居、乡风文明、治理有效、生活富裕，从集中资源支持脱贫攻坚转向巩固拓展脱贫攻坚成果和全面推进乡村振兴。

目标任务：到 2025 年，脱贫攻坚成果巩固拓展，乡村振兴全面推进，脱贫地区经济活力和发展后劲明显增强，乡村产业质量效益和竞争力进一步提高，农村基础设施和基本公共服务水平进一步提升，生态环境持续改善，美丽宜居乡村建设扎实推进，乡风文明建设取得显著进展，农村基层组织建设不断加强，农村低收入人口分类帮扶长效机制逐步完善，脱贫地区农民收入增速高于全国农民平均水平。到 2035 年，脱贫地区经济实力显著增强，乡村振兴取得重大进展，农村低收入人口生活水平显著提高，城乡差距进一步缩小，在促进全体人民共同富裕上取得更为明显的实质性进展。

建立健全长效机制：保持主要帮扶政策总体稳定，健全防止返贫动态监测和帮扶机制，巩固"两不愁三保障"成果，做好易地扶贫搬迁后续扶持工作，加强扶贫项目资产管理和监督。

聚力重点工作：支持脱贫地区乡村特色产业发展壮大，促进脱贫人口稳定就业，持续改善脱贫地区基础设施条件，进一步提升脱贫地区公共服务水平。

健全帮扶机制：加强农村低收入人口监测，分层分类实施社会救助，合理确定农村医疗保障待遇水平，完善养老保障和儿童关爱服务，织密兜牢丧失劳动能力人口基本生活保障底线。

着力提升脱贫地区整体发展水平，在西部地区脱贫县中集中支持一批乡村振兴重点帮扶县。坚持和完善东西部协作和对口支援、社会力量参与帮扶机制。继续实施"万企帮万村"行动。定期对东西部协作和定点帮扶成效进行考核评价。

富裕

第二编 农村劳动力转移

● 当前我国农村劳动力转移规模如何？

为准确反映全国农民工规模、流向、分布等情况，国家统计局2008年建立农民工监测调查制度，在农民工输出地开展监测调查。调查范围是全国31个省（自治区、直辖市）的农村地域，在1587个调查县（区）抽选了8488个村和22.6万名农村劳动力作为调查样本。采用入户访问调查的形式，按季度进行调查。

从2008—2022年监测数据来看，农民工总量稳中有升，就业形势稳中向好（见图6）。根据国家统计局抽样调查结果，2022年全国农民工总量为29562万人，比上年增加311万人，增长1.1%。其中，本地农民工为12372万人，比上年增加293万人，增长2.4%；外出农民工为17190万人，比上年增加18万人，增长0.1%。年末在城镇居住的进城农民工为13256万人。

从大趋势看，农民工增速是放缓的。新增农民工数量减少是必然的，农业可转移人口数量的递减是人口规律。从2012年起，我国劳动年龄人口总量就开始下降。农民工增量和增速在2010年达到顶点，比上年增加1245万人，增速5.42%；其中，外出农民工增量和增速在2010年达到顶点，比上年增加802万人，增速5.52%，本地农民工增量和增速在2011年达到顶点，比上年增加527万人，增速5.93%。国家统计局数据显示，2012年，我国劳动年龄人口的总量达到峰值9.22亿人，之后增量由正转负，总量进入减少阶段。

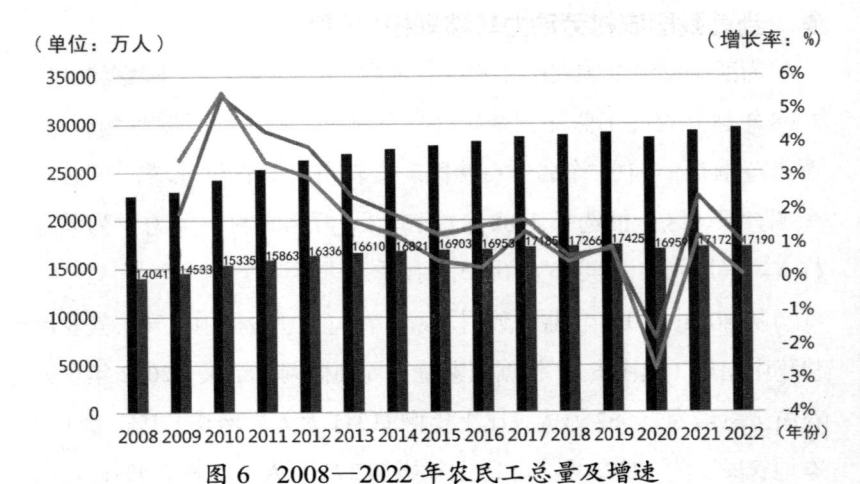

图 6 2008—2022 年农民工总量及增速

数据来源：国家统计局历年农民工监测调查报告。

监测调查报告从 2016 年开始公布进城农民工数据。所谓进城农民工，即指居住在城镇地域内的农民工。城镇地域划分与计算人口城镇化率的地域范围相一致。从 2016—2018 年数据看，进城农民工总量比重接近一半，但占比从 2015 年的 49.5% 降至 2018 年的 46.8%。此外，进城农民工总量也在减少。2018 年进城农民工比 2015 年减少 236 万人，2018 年比 2017 年下降 1.5%。

● 农村劳动力转移有什么区域特征？

1. 跨省外出农民工比重逐年减低。2011 年，去省外务工人数减少，改变了多年来跨省外出农民工比重大于省内务工比重的格局，跨省外出农民工比重从 2010 年的 50.3% 降至 2011 年的 47.1%。之后跨省流动农民工逐年减少。2022 年，在外出农民工中，跨省流动 7061 万人，比上年减少 69 万人，下降 1.0%；省内流动 10129 万人，比上年增加 87 万人，增长 0.9%。分区域来看，东部地区外出农民工绝大部分在省内流动，2022 年，东部地区外出农民工仅 15% 为跨省流动；中部地区是目前唯一跨省流动比重大于省内流动比重的区域，2022 年有 55.6% 外出农民工跨省流动；西部地区从 2018 年开始改变了多年来跨省外出农民工比重大于省内务工比重的格局，2018 年跨省流动比重为 49.6%，2022 年跨省比重进一步降低，为 47.5%；东北地区以省内流动为主，2022 年跨省流动比重为 31.4%。

2. 从输出地看，中西部地区农民工人数增长快于东部地区。东部、东北地区农民工人数增长幅度很小，中西部地区农民工增加人数是农民工总量增加的主体。2015—2022 年，东部地区新增农民工人数为 103 万人，中部地区新增农民工人数为 678 万人，西部地区新增农民工人数为 973 万人，东北地区新增农民工人数为 71 万人。从总量来看，东部地区仍是农民工输出的主要地区，2022 年，东部地区农民工为 10403 万人，中部地区为 9852 万人，西部地区为 8351 万人，东北地区为 956 万人。

3. 从输入地看，在中西部地区就业的农民工人数增长较快。东部、东北地区吸纳就业的农民工减少，中西部吸纳就业的农民工稳步增加。2015—2022 年，在东部地区就业的农民工合计减少了 561 万人，在中部地区就业的农民工合计增加了 1172 万人，在西部地区就业的农民工合计增加了 1227 万人，在东北地区就业的农民工合计减少了 16 万人。从总量占比来看，东部地区仍是吸纳农民工就业的主要地区，以 2021 年为例，在东部地区就业的农民工为 15438 万人，占总量的比重为 51.73%。其中，在京津冀地区就业的农民工为 2125 万人，在江浙沪地区就业的农民工为 5339 万人，在珠三角地区就业的农民工为 4219 万人；在中部地区就业的农民工为 6571 万人，在西部地区就业的农民工为 6280 万人，在东北地区就业的农民工为 894 万人。

● **当前我国农村劳动力转移行业分布有什么特点？**

分产业看，99.5% 的农民工比较均衡地分布在二三产业。近年来，从事第二产业的农民工比重趋于下降，从事第三产业的农民工比重逐渐提高。2018 年从事第三产业的农民工比重为 50.5%，首次超过从事第二产业的农民工比重。

2022 年，从事第三产业的农民工比重为 51.7%，比上年提高 0.8 个百分点；从事第二产业的农民工比重为 47.8%，比上年下降 0.8 个百分点。从农民工的六个主要就业行业看，从事制造业的农民工比重为 27.4%，比上年提高 0.3 个百分点；从事建筑业的比重为 17.7%，比上年下降 1.3 个百分点；从事批发和零售业的比重为 12.5%，比上年提高 0.4 个百分点；从事交通运输仓储和邮政业的比重为 6.8%，比上年下降 0.1 个百分点；从事住宿餐饮业的比重为 6.1%，比上年下降 0.3 个百分点；从事居民服务修理和其他服务业的比重为 11.9%，比上年提高 0.1 个百分点。

分行业看，六大行业收入均保持增长。从历年调查监测报告数据来看，六大行业中，收入最高和次高的分别是：交通运输仓储和邮政业、建筑业，仅 2022 年，从事建筑业的农民工月均收入略高于从事交通运输仓储和邮政业的农民工月均收入。2022 年，从事制造业农民工月均收入 4694 元，比上年增加 186 元，增长 4.1%；从事建筑业农民工月均收入 5358 元，比上年增加 217 元，增长 4.2%；从事批发和零售业农民工月均收入 3979 元，比上年增加 183 元，增长 4.8%；从事交通运输仓储和邮政业农民工月均收入 5301 元，比上年增加 150 元，增长 2.9%；从事住宿餐饮业农民工月均收入 3824 元，比上年增加 186 元，增长 5.1%；从事居民服务修理和其他服务业农民工月均收入 3874 元，比上年增加 164 元，增长 4.4%。

● 新生代农民工具有什么样的特点？

农民工是我国改革开放和工业化、城镇化、现代化进程中成长起来的新型劳动力大军，是我国产业工人的重要组成部分，是城镇的新市民。2010 年，国家统计局第一次公布了《2009 年农民工监测调查报告》，此后基本每年公布一次。期间还公布过《新生代农民工的数量、结构和特点》(2011 年 3 月)。报告指出，从 20 世纪 80 年代中期开始，农村劳动力开始大规模地进城务工，至今已有 20 多年的历史。其间农村劳动力的规模不断扩大，同时，农民工内部也出现了代际更替，1980 年之后出生的外出农民工，通常我们也将其称为"新生代农民工"，逐渐成为外出农民工的主体并且在整个经济社会中发挥着越来越大的影响。

调查结果表明，68.6% 的新生代农民工主要来自中西部地区，72.3% 的新生代农民工在东部地区务工。新生代农民工中女性的比例达到 40.8%。新生代农民工受教育程度较高，平均受教育年限为 9.8 年，而上一代农民工的平均受教育年限为 8.8 年。

从外出时间看，新生代农民工 2009 年平均外出从业时间已经达到9.9个月，与上一代农民工相比，新生代农民工不懂农业生产，"亦农亦工"兼业的比例非常低，仅为10%。因此，新生代农民工脱离农业生产和向城市流动已经成为一个不可逆的过程。

从行业看，新生代农民主要集中在制造业，从事建筑业的比例较低。上一代农民工从事制造业和建筑业的比例分别为31.5%和27.8%，而新生代农民工从事制造业的比例上升到44.4%，从事建筑业的比例仅为9.8%。新生代农民工在择业时，不仅看重岗位的工资水平，也很看重企业提供的工作环境和职业前景。

从工作时长看，新生代农民工平均每月工作26天，每天工作9个小时，与其他年龄段农民工的劳动强度并没有显示出显著差异。

从收入水平上看，新生代农民工的收入水平相对较低。虽然与上一代农民工相比，新生代农民工的文化程度和参加职业培训的比例都更高，但是新生代农民工的月收入水平明显低于上一代农民工。主要原因是新生代农民工外出工作的年限较短，积累的工作经验较少。可见，在影响农民工的工资水平中，工作经验起着更为重要的作用，技能的增长主要通过"干中学"和熟练程度的提高来实现。

从消费来看，新生代农民工在外务工的平均消费倾向较高。2009年新生代农民工平均寄回带回的金额为5564元，占外出从业总收入的37.2%；而上一代农民工平均寄回带回的金额为8218元，占外出从业总收入的51.1%。

新生代农民工受教育程度相对较高、流动性较强、利益诉求多元化、市民化意识较强，择业观念与第一代已经有很大不同。2018年的监测数据显示，1980年及以后出生的新生代农民工占全国农民工总量的51.5%，比上年提高1.0个百分点；老一代农民工占全国农民工总量的 48.5%。在新生代农民工中,"80 后"占 50.4%;"90 后"占 43.2%;"00 后"占 6.4%。

● 当前农村劳动力转移出现什么新趋势?

当前,我国农村劳动力的转移在年龄和性别上出现一些新趋势,主要体现在:

1. 六成多农民工为男性。2014 年全国农民工监测调查报告公布了性别结构,在全部农民工中,男性占 67.0%,女性占 33.0%。其中,外出农民工中男性占 69.0%,女性占 31.0%;本地农民工中男性占 65.1%,女性占 34.9%。近年来,女性农民工占比有所提升,截至 2022 年,女性农民工占比为 36.6%,其中,外出农民工中女性占 31.1%,本地农民工中女性占 41.7%。

2. 有配偶农民工约占八成。2022 年,在全部农民工中,未婚的占 17.4%,比 2009 年下降 24.1 个百分点;有配偶的占 79.6%,比 2009 年上升 23.6 个百分点。其中,外出农民工有配偶的占 67.0%,比上年下降 0.7 个百分点;本地农民工有配偶的占 91.2%,比上年下降 0.4 个百分点。

3. 农民工平均年龄持续提高。分年龄段看,农民工以青壮年为主,40 岁以下的农民工比重较高,但呈逐年下降趋势,从 2010 年的占比 65.9% 下降至 2022 年的 47.5%;50 岁以上农民工从 2010 年的占比 12.9% 上升至 2022 年的 29.2%。农民工平均年龄继续提高,2022 年,农民工平均年龄为 42.3 岁。从农民工的就业地看,本地农民工平均年龄为 46.8 岁,外出农民工平均年龄为 37.4 岁。

表 1　2010—2022 年分年龄段农民工占比（%）

	2010	2011	2012	2013	2014	2015	2016	2017	2018	2019	2020	2021	2022
16-20 岁	6.5	6.3	4.9	4.7	3.5	3.7	3.3	2.6	2.4	2	1.6	1.6	1.8
21-30 岁	35.9	32.7	31.9	30.8	30.2	29.2	28.6	27.3	25.2	23.1	21.1	19.6	18.5
31-40 岁	23.5	22.7	22.5	22.9	22.8	22.3	22	22.5	24.5	25.5	26.7	27	27.2
41-50 岁	21.2	24	25.6	26.4	26.4	26.9	27	26.3	25.5	24.8	24.2	24.5	23.8
50 岁以上	12.9	14.3	15.1	15.2	17.1	17.9	19.2	21.3	22.4	24.6	26.4	27.3	29.2

数据来源：国家统计局历年农民工监测调查报告。

4. 农民工受教育程度不断提高。农民工以初中文化程度为主，青年农民工和外出农民工文化程度相对较高。从历年监测报告看，初中文化程度的农民工，约占六成，比重逐渐下降。大专及以上文化程度的农民工占比不断提升，从 2011 年的 5.3%，上升至 2022 年的 13.7%。2022 年监测报告显示，在全部农民工中，未上过学的占 0.7%，小学文化程度占 13.4%，初中文化程度占 55.2%，高中文化程度占 17.0%，大专及以上占 13.7%。大专及以上文化程度农民工所占比重比上年提高 1.1 个百分点。在外出农民工中，大专及以上文化程度的占 18.7%，比上年提高 1.6 个百分点；在本地农民工中，大专及以上文化程度的占 9.1%，比上年提高 0.6 个百分点。

● 推进东西部人社协作有哪些工作任务？

为巩固拓展脱贫攻坚成果、支持西部地区建设、全面推进乡村振兴，党中央、国务院做出深化东西部协作的决策部署。东西部协作是推动区域协调发展、协同发展、共同发展，缩小发展差距，实现共同富裕的重要举措。具体来看，有八大工作任务。

一是创新协作方式。各地要充分发挥区域间互补优势，积极整合帮扶资源，丰富协作形式。西部地区要指导国家乡村振兴重点帮扶县、大型易地搬迁安置区等重点地区与结对帮扶县（市、区）在就业、技工教育和技能培训、人才引智等方面加强工作联动。东部地区要将劳务协作、技能提升、人才支援等列入东西部协作重要内容，加大资金、资源、项目投入。鼓励结对关系调整前的东西部协作结对地区通过市场化方式继续保持协作关系。有条件地区可与劳动力流动较多的其他地区建立健全市场化协作机制。

二是健全东西部劳务协作机制。西部地区要摸清本地脱贫人口和防止返贫监测对象外出务工意愿，建立有意愿外出人员清单；东部地区要挖掘本地区企业用工需求，动态归集发布适合脱贫人口和防止返贫监测对象的就业岗位，形成岗位需求清单。依托东西部协作机制，搭建完善用工信息对接平台，推动输出地、输入地信息共享、培训协同、高效对接。优化完善劳务协作机制，对受疫情、重大自然灾害影响的输出地及时开展劳务协作定向援助，对输入地及时分流承接压力，结合实际调整劳务协作目标任务。东部地区要落实稳岗责任，努力将脱贫人口稳在企业，稳在岗位。对吸纳协作地区脱贫人口和防止返贫监测对象就业成效明显的企业，可给予一定支持。加大易地扶贫搬迁就业帮扶力度，强化精准就业培训和劳务对接，依托东西部协作机制有序组织搬迁劳动力外出务工。按照已形成的协作帮扶关系，以国家乡村振兴重点帮扶县为重点，开展乡村与街道的精准对接，帮助愿意从事家政服务的农村转移劳动力直达家政社区服务网点就业。

三是着力发展劳务品牌。各地要充分发挥东西部劳务协作作用，健全劳务品牌建设机制，扩大劳务品牌就业规模和产业容量，提高就业质量。鼓励各地积极参加劳务品牌发展大会，建成一批具有鲜明地域特色、过硬技能特征和良好市场口碑的劳务品牌，进一步带动就业创业，助推地区产业发展。鼓励东西部协作地区为家政劳务品牌搭建对接渠道，支持家政劳务品牌在家政服务劳务对接助力乡村振兴行动中发挥作用。

四是促进就业帮扶车间稳固发展。各地要进一步发挥东西部人社协作机制在建立、稳定和发展就业帮扶车间方面的作用，全面摸底排查就业帮扶车间运营情况，做到基础底数清、政策落实清、经营状况清，确保完成就业帮扶车间数量稳定在3万个以上、吸纳脱贫人口和防止返贫监测对象就业数量稳定在40万人以上的年度目标。积极推动帮扶车间发展成为吸纳就业的产业，把易地搬迁安置区配套帮扶车间作为重点，支持帮扶车间扩大生产规模、延长产业链条，推动从单一生产类型、单一产业环节向综合工厂转型，促进聚集发展，提高产业集中度。

五是大力实施以工代赈。各地要将以工代赈作为促进脱贫群众就近就业增收、提高劳动技能的一项重要举措。要在政府投资的重点工程项目和农业农村基础设施建设领域中，按照"应用尽用、能用尽用"的原则，大力实施以工代赈，充分挖掘工程项目用工潜力，为当地脱贫人口和防止返贫监测对象等群体提供规模性务工岗位。东部地区要充分发挥优势，积极吸纳西部省份外出务工人员参与当地工程项目建设，推动更多帮扶项目按照以工代赈方式实施，充分吸纳脱贫人口和防止返贫监测对象、农民工等重点群体务工就业。以工代赈项目要广泛组织脱贫人口、防止返贫监测对象和其他就业困难群体参与务工，合理确定劳务报酬发放标准和规模，尽可能提高以工代赈项目劳务报酬发放比例，最大程度发挥"赈"的作用。各地要统筹各类培训资金和资源，联合施工单位对以工代赈务工人员开展劳动技能培训和安全生产培训，帮助其掌握实际操作技能。

六是加强技工教育培训协作交流。各地要建立健全以促进就业和适应产业发展、满足市场需求为导向的技工教育培训体系。西部地区要依托现有资源，新建、改（扩）建一批技工院校和职业培训机构，鼓励各级各类企业举办或参与举办技工院校，支持民办技工教育发展，不断提升自主发展能力。东部地区要鼓励本地技工院校、企业与西部地区技工院校开展校校合作、企校合作，扩大在西部地区招生和培训规模；支持各类培训机构到西部开展职业技能培训，推动培训资源共建共享，加大对搬迁群众的技能培训力度，提升训后上岗率。

七是强化人才协作和智力支持。各地要通过实施人才双向挂职、"组团式"人才支援、柔性引才等方式，持续为脱贫地区人才队伍注入新力量。东部地区要加大人才选派力度，选派教育、医疗、产业、科技、管理等领域专业技术人才到西部地区开展帮扶工作；要鼓励各类专家到西部开展专题讲座、现场指导、技术咨询等活动，扶持基层重点领域、特殊区域和关键岗位专业技术人才培训工作，为西部培养培训一批急需紧缺和骨干专业技术人才。西部地区要加大政策保障力度，为帮扶人才提供便利和支持。

八是持续深化东西部协作考核评价。各地要对照东西部协作考核评价发现的问题，扎实推进整改落实，助力协作地区牢牢守住不发生规模性返贫的底线。强化协作帮扶责任落实,定期组织开展对接调研,共同协调研究谋划推动重点工作。各地人力资源社会保障、发展改革、乡村振兴部门要优化对接机制,加强统筹协调和工作配合,推动协作帮扶顺利开展。东部地区要谋划推动好重大发展项目,提供强有力的协作支持。西部地区要强化发展主体责任,为帮扶项目落地创造良好条件。

● 农村劳动力可以通过哪些途径获取就业信息?

求职者获取就业信息的途径主要有:

1. 政府搭建的就业信息平台。一般而言,各地政府部门均为求职的农村劳动者搭建了免费的就业信息平台,劳动者可以享受求职登记、职业介绍、职业培训等免费就业服务。求职者可持本人有效身份证件、毕业证件或职业资格证书和近期免冠照片等相关材料到各区、县(市)人力资源市场办理求职登记手续,同时可以向工作人员进行免费咨询。各级人力资源和社会保障部门会根据就业需求定期或不定期开展各项招聘洽谈活动。求职者也可以通过线上平台进行求职,在公共就业服务机构网站或政府官方就业微平台查询岗位信息,实现在线职位快速投递。

2. 各类民办职业介绍机构。我国在大力发展公共就业服务的同时,鼓励各类职业中介机构提供多样化的就业服务,不断完善社会化的就业服务体系。各地通过开展民办职介机构评选表彰、诚信建设等活动,在市场上树立了一批社会信誉好的优秀民办职业中介机构。近几年来,在改善农民工就业服务的"春风行动"中,这些民办职业介绍机构发挥了重要的作用。为了避免权益受损,劳动者须向具有《职业介绍许可证》的职业介绍机构寻求服务,对广告、招工信息不可轻信,要注意辨别信息的真假。

3. 集散地。一些散工零工通常通过聚集在某些路口、高架桥下或者工地旁边,等待有人来招工的方式找工作。一般是有合适的活就干,没合适的就闲着。这种方式一般效率较低。目前,一些城市在农民工常聚的集散地,建立了公益性的集散中心和劳务市场,提供免费的劳务服务,包括劳务对接、技能培训、法律援助等。一些"零工之家"还配备桌椅、微波炉、饮水机、阅览角、电视机、空调风扇、应急箱、充电站等便民设施,让农民工找工作时,避免风吹日晒雨淋。

4. 大众媒介。电视、广播、报纸、期刊、网络等大众媒介是发布就业信息的主要载体。劳动者可以通过这些媒体搜集、查看符合自身需求的就业信息。这些就业信息包括:就业法律法规、就业相关政策、就业形势、社会职业状况、用人单位信息、职位信息、薪资待遇等。

5. 亲朋好友推荐。熟人介绍是农民工找工作中较为常见的一种方式,也是大家比较信任与接受度非常高的一种。熟人介绍省去了一些信任问题,解决了一些信息不对称而导致的招工问题。

● 什么是百日千万网络招聘专项行动?

百日千万网络招聘专项行动是人社部于 2020 年 3 月启动的一项网络专项招聘行动。该行动以"职等你来 就业同行"为主题,通过搭建全国统一、多方联动的网络招聘平台,集中开展线上招聘活动,提高劳动力市场供需匹配效率,为劳动者和用人单位提供高效便捷服务。此次行动为期百日，提供超过千万个就业岗位，为近年来规模最大、覆盖范围最广的网络招聘活动。该行动具有"岗位资源丰富、专场特色鲜明、服务内容多样、社会参与广泛"的特点。

2020年，人社部会同有关方面启动实施百日千万网络招聘专项行动。4月作为百日千万网络招聘专项行动的重要时期，人社部启动第七届大中城市联合招聘高校毕业生春季专场活动。2020年5月人社部百日千万网络招聘专项行动重点推出事业单位、教育培训、人工智能、贸易进出口专场招聘。

2021年6月23日至28日，人社部百日千万网络招聘专项行动陆续推出海南、重庆、四川特色专场活动。2021年6月24日至30日，百日千万网络招聘专项行动推出技能人才、生活服务、公共服务、快递4个专场招聘，1.3万余家用人单位提供岗位17.3万余个。2021年7月13日至18日，人社部百日千万网络招聘专项行动陆续推出新疆生产建设兵团、北京、天津特色专场活动。

2022年5月16日，人社部会同有关方面启动实施"职等你来 就业同行"百日千万网络招聘专项行动，行动持续至8月25日。2022年6月13日至19日，人社部百日千万网络招聘专项行动推出汽车制造、医药卫生、电子商务、女性、制造、能源环保6个专场招聘，共有3400家用人单位提供3.5万个岗位。

● 什么是新就业形态？

根据我国"十四五"规划纲要，新就业形态是指新一轮信息技术革命特别是数字经济和平台经济发展带来的一种就业新模式，体现为劳动关系灵活化、工作内容多样化、工作方式弹性化、工作安排去组织化、创业机会互联网化，正在成为吸纳就业的一条重要渠道。

随着互联网平台经济的蓬勃发展，灵活就业、零工经济等新形态逐渐吸纳了大量年轻劳动力就业，成为新就业形态。从传统意义来看，灵活就业由于工作时长不定、就业收入不稳定、劳动权益得不到保障，并不被视为就业的主要渠道。但互联网技术的飞速发展改变了这一传统观念，依托各类互联网平台，零工经济有了巨大变化。以各类互联网平台，尤其是服务类平台为依托，零工和雇主可进行高效撮合，零工人群搜寻和获得工作变得更加容易，就业时长有保证，就业时间甚至超过正规部门。就业收入也相对稳定，收入水平也相对较高。零工不零逐渐成了就业新形态。数据显示，近年来新就业形态劳动者数量大幅增长，中国灵活就业人员已达2亿人。根据国家信息中心发布的《中国共享经济发展报告（2021）》，2020年共享经济参与者人数约为8.3亿人，其中服务提供者约为8400万人。新就业形态劳动者主要是货车司机、网约车司机、快递员、外卖配送员等群体，以男性青壮年为主，农业户籍人员比例较高。

对于这一趋势，党和政府因势利导，陆续出台了支持灵活就业和新就业形态的政策。党的十八届五中全会首次提出"新就业形态"的概念，指出要"加强对灵活就业、新就业形态的支持力度"。2018年3月，通过的政府工作报告中提出要运用"互联网+"发展新就业形态。同年9月，国家发改委等19个部门出台了《关于发展数字经济稳定并扩大就业的指导意见》，明确提出要推动数字产业发展壮大，拓展就业空间，培育更多新就业形态，吸纳更多就业。此后2020—2021两年中，党中央、国务院提出"六稳六保"的首要任务就是"稳就业保就业"，国家发改委以及人社部等相关部委多次出台鼓励多渠道灵活就业，推动新就业形态发展的具体指导意见。在党的二十大报告中，更是首次把新就业形态写进党的全国代表大会报告，报告提出实施就业优先战略，支持和规范发展新就业形态。

● 什么是劳务品牌？我国劳务品牌整体发展情况如何？

劳务品牌具有地域特色、行业特征和技能特点，带动就业能力强，是推动产业发展、推进乡村振兴的有力支撑。劳务品牌多数集中在手工艺制造、建筑、家政服务、餐饮等劳动密集型行业。有的已在社会上广为知晓，比如"粤菜师傅"、山西"吕梁山护工"等，其他品牌大都也在各自行业或一定区域内拥有一定知名度。

劳务品牌带动就业能力强，如河南"林州建筑工"从业人员达20万人，当地60%的农村青壮年劳动力从事建筑业。一些劳务品牌已经不单是就业名片，还成了城市名片，实现了小品牌大作为。如江苏"盱眙龙虾厨师"延伸为集种养、物流、餐饮、加工为一体的全产业链；青海"化隆拉面师"扩展为拉面产业，当地农民纯收入的54%来自拉面餐饮相关行业。

劳务品牌最初形成具有一定自发性，多数以政府主导或因势利导，逐步走向市场。我国劳务品牌建设工作已有初步基础，但总的来说，全国知名的劳务品牌还不多。特别是与我国2.86亿农民工总量以及完备的行业门类相比更显不足。同时，劳务品牌管理还不够精细，从业人员技能水平还需进一步提高。

为贯彻落实党中央、国务院决策部署，人力资源和社会保障部、国家发展改革委等20部门印发《关于劳务品牌建设的指导意见》，对"十四五"期间劳务品牌建设提出三方面具体目标：力争

"十四五"期间，劳务品牌发现培育、发展提升、壮大升级的促进机制和支持体系基本健全；地域鲜明、行业领先、技能突出的领军劳务品牌持续涌现；劳务品牌知名度、认可度、美誉度明显提升，带动就业创业、助推产业发展效果显著增强。

同时提出从三个方面加强劳务品牌发现培育：

一是分类型发现劳务品牌。广泛开展摸底调查，掌握本地区劳务品牌数量、分布、特征等基本情况，针对性制定发展规划和建设方案，明确建设思路、发展方向和工作重点。对已形成相对成熟运营体系的劳务品牌，强化规范化管理服务，整合优化品牌资源，扩大市场影响力，推动做强做优做大。

二是分领域培育劳务品牌。聚焦新一代信息技术、高端装备、新材料、生物医药、新能源等战略性新兴产业，深入挖潜细分行业工种的用工需求，打造中高端技能型劳务品牌。瞄准家政服务、生活餐饮、人力资源、养老服务、商务咨询等急需紧缺现代服务业，打造高品质服务型劳务品牌。大力开发非物质文化遗产、特色手工艺、乡村旅游等文化和旅游产品及服务，打造文化和旅游类劳务品牌。围绕制造业、建筑业、快递物流等就业容量大的领域，打造民生保障型劳务品牌。

三是建立重点劳务品牌资源库。组织政府部门、企事业单位及行业协会、商会等社会组织，根据带动就业人数较多、技能产品特色明显、市场知名度高等特点，共同确定本地区劳务品牌建设重点项目，形成指导目录，实施动态管理。

◉ 全国各地区最低工资标准是多少？

最低工资标准，是指劳动者在法定工作时间或依法签订的劳动合同约定的工作时间内提供了正常劳动的前提下，用人单位（或雇主）依法应支付的最低劳动报酬。2015年以来，全国多省上调了最低工资标准。从最新数据来看，上海月最低工资标准达到2690元，全国居首；北京小时最低工资标准为25.3元，为全国最高。其中16个地区月最低工资标准在2000元以上。最低工资标准上调，除了可以直接拉动低收入职工的工资水平外，还会带动其他一些待遇提高。其中，失业保险金、医疗期内的病假工资、试用期的工资以及单位停工、停业等情况下职工的基本生活费，会随最低工资标准的提高而变多。

表2 全国各地区最低工资标准情况（单位：元）

地区	月最低工资标准 第一档	第二档	第三档	第四档	小时最低工资标准 第一档	第二档	第三档	第四档
北京	2320				25.3			
天津	2180				22.6			
河北	2200	2000	1800		22	20	18	
山西	1980	1880	1780		21.3	20.2	19.1	
内蒙古	1980	1910	1850		20.8	20.1	19.5	
辽宁	1910	1710	1580	1420	19.2	17.2	15.9	14.3
吉林	1880	1760	1640	1540	19	18	17	16
黑龙江	1860	1610	1450		18	14	13	
上海	2690				24			
江苏	2280	2070	1840		22	20	18	

续表

地区	月最低工资标准				小时最低工资标准			
	第一档	第二档	第三档	第四档	第一档	第二档	第三档	第四档
浙江	2280	2070	1840		22	20	18	
安徽	2060	1930	1870	1780	21	20	19	18
福建	2030	1960	1810	1660	21	20.5	19	17.5
江西	1850	1730	1610		18.5	17.3	16.1	
山东	2100	1900	1700		21	19	17	
河南	2000	1800	1600		19.6	17.6	15.6	
湖北	2010	1800	1650	1520	19.5	18	16.5	15
湖南	1930	1740	1550		19	17	15	
广东	2300	1900	1720	1620	22.2	18.1	17	16.1
其中：深圳	2360				22.2			
广西	1810	1580	1430		17.5	15.3	14	
海南	1830	1730	1680		16.3	15.4	14.9	
重庆	2100	2000			21	20		
四川	2100	1970	1870		22	21	20	
贵州	1890	1760	1660		19.6	18.3	17.2	
云南	1900	1750	1600		18	17	16	
西藏	1850				18			
陕西	2160	2050	1950		21	20	19	
甘肃	1820	1770	1720	1670	19	18.4	17.9	17.4
青海	1880				18			
宁夏	1950	1840	1750		18	17	16	
新疆	1900	1700	1620	1540	19	17	16.2	15.4

注：本表数据时间截至2023年7月1日。

数据来源：中华人民共和国人力资源和社会保障部。

● 国家在农民工职业技能培训方面有哪些举措？

农民工职业技能培训一直备受重视。2006年1月国务院《关于解决农民工问题的若干意见》从三个方面对农民工就业培训提出要求：一是加强培训力度、扩大培训规模。二是完善并认真落实全国农民工培训规划、落实培训责任。三是大力发展面向农村的职业教育。有关部门制定下发了《农村劳动力技能就业计划》，提出以农村新成长劳动力、农村富余劳动力和已进城务工的农村劳动者为主要对象，充分利用各类教育培训资源，开展职业技能培训，使农民工掌握就业技能，实现转移和稳定就业，为我国国民经济持续健康快速发展培养新的产业工人大军。各有关部门开展的"阳光工程""农村劳动力技能就业计划""农村劳动力转移培训计划""星火计划""雨露计划"等培训项目，培训了千万农民工。这些农民工的职业技能明显提高，就业能力不断增强。

2018年国务院发布《关于推行终身职业技能培训制度的意见》，将农民工纳入终身职业技能培训体系，深入实施农民工职业技能提升计划"春潮行动"。对农民工广泛开展就业技能培训、岗位技能提升培训、企业新型学徒制培训、创业创新培训，提升农民工职业素养和技能。

2019年，国务院办公厅印发《职业技能提升行动方案（2019—2021年）》，面向包括农民工在内的城乡各类劳动者，大规模开展职业技能培训。2019年共开展农民工各类补贴性培训近750万人次、贫困劳动力培训259万人次。3年来，累计培训农民工近3000万人次；累计培训贫困劳动力及贫困家庭子女710多万人次。面对新的经济社会发展需求，人力资源和社会保障部印发《新生代农民工职业技能提升计划（2019—2022年）》（以下简称《计划》），明确要加强新生代农民工职业技能培训，助力新生代农民工就业创业。

2020年，为进一步加大对外宣传，鼓励支持广大农民工参加职业技能培训，人力资源和社会保障部印发实施了《农民工稳就业职业技能培训计划》。强调要以企业为主，组织开展在岗和待岗农民工以工代训，实现以训稳岗。支持企业吸纳农民工就业，面向新吸纳农民工开展以工代训。对中小微企业吸纳就业困难人员、零就业家庭成员、登记失业人员中的农民工就业，并开展以工代训的，根据吸纳人数给予企业职业培训补贴。支持困难企业开展以工代训。对受疫情影响出现生产经营暂时困难导致停工停业的中小微企业，组织待岗农民工开展以工代训、以训稳岗的，根据组织以工代训人数给予企业职业培训补贴。受疫情影响较大的外贸、住宿、餐饮、文化、旅游、交通、运输、批发零售等行业可将以工代训补贴范围扩展到各类企业。

2020年5月，人力资源社会保障部印发《农民工稳就业职业技能培训计划》，提出深入实施职业技能提升行动，将职业技能培训作为促进农村转移劳动力就业、稳定农民工工作岗位、支持农民工返乡创业、助力贫困劳动力增收脱贫的重要抓手，面向广大农民工群体，开展大规模、广覆盖和多形式的职业技能培训。2020年至2021年，每年培训农民工700万人次以上，促进农民工职业技能提升，推动农民工稳岗就业和返乡创业，改善农民工就业结构，将农民工培育成为重要的人力资源。

2022年3月，国家发改委印发《2022年新型城镇化和城乡融合发展重点任务》，在加强农民工技能培训方面明确，大力开展适合农民工就业的技能培训和新职业新业态培训，深入实施"技能中国"行动，以实用性、针对性为导向，开展农民工补贴性培训600万人次以上。

《"十四五"职业技能培训规划》提出，"十四五"期间的职业技能培训将紧紧围绕产业发展需求和企业自身生产经营需要，提升培训的精准性和有效性。"十四五"期间，我国将组织实施政府补贴性培训达7500万人次以上，其中农民工职业技能培训3000万人次以上；新增取得职业资格证书或职业技能等级证书的人员达到4000万人次以上，其中能够达到高级技工、技师、高级技师的高技能人才达到800万人次以上；新增公共实训基地200个。政府对毕业年度高校毕业生等就业重点群体给予培训经费补贴，对参加企业新型学徒制的学员以及参加技师培训的企业在职职工，按规定给予一定标准的职业培训补贴。

● **什么是"雨露计划"？**

"雨露计划"是以政府为主导、社会参与为特色，以提高素质、增强就业和创业能力为宗旨，以中职（中技）学历职业教育、劳动力转移培训、创业培训、农业实用技术培训、政策业务培训为手段，以促成转移就业、自主创业为途径，帮助贫困地区青壮年农民解决在就业、创业中遇到的实际困难，实现发展生产、增加收入，最终促进贫困地区经济发展。"雨露计划"作为一项为贫困家庭量身打造的职业技能提升计划，在脱贫攻坚期间，累计惠及800多万贫困家庭新成长劳动力，带动1500多万贫困人口脱贫。

"雨露计划"的对象主要有三类：一是扶贫工作建档立卡的青壮年农民（16～45岁）；二是贫困户中的复员退伍士兵（含技术军士）；三是扶贫开发工作重点村的村干部和能帮助带动贫困户脱贫的致富骨干。

2022年6月，国家乡村振兴局、教育部、人力资源和社会保障部共同启动"雨露计划+"就业促进行动，升级续写雨露计划的"后半篇"文章，组织开展从教育培训到促进就业的全链条、一体式帮扶，帮助雨露计划毕业生实现更加充分、更高质量的就业。对于巩固脱贫攻坚成果，稳定毕业生就业形势具有十分重要的作用。

● **什么是农民工"求学圆梦行动"？**

为深入贯彻党的十八大和十八届三中、四中、五中全会精神，落实《国家中长期教育改革和发展规划纲要(2010—2020年)》《国务院关于加快发展现代职业教育的决定》《国务院关于进一步做好为农民工服务工作的意见》的要求，提升农民工学历层次、技术技能及文化素质，畅通其发展上升通道，更好地服务"中国制造2025""脱贫攻坚""一带一路"等重大发展决策，2016年，教育部、中华全国总工会决定联合实施农民工学历与能力提升行动计划——"求学圆梦行动"。

《农民工学历与能力提升行动计划——"求学圆梦行动"实施方案》中提出了建立择优录取和企业推荐相结合的公开遴选机制、开发与岗位紧密对接的专业课程、推行校企合作培养模式和基于信息化的混合式教学模式、建立多元化的农民工继续教育质量保障体系、建设行动计划的信息服务平台五大措施。总体目标是通过建立学历与非学历教育并重，产教融合、校企合作、工学结合的农民工继续教育新模式，实施"求学圆梦行动"，提升农民工学历层次和技术技能水平，帮助农民工实现体面劳动和幸福生活，有效服务经济社会发展和产业结构转型升级。到 2020 年，在有学历提升需求且符合入学条件的农民工中，资助 150 万名农民工接受学历继续教育，使每一位农民工都能得到相应的技术技能培训，能够通过学习免费开放课程提升自身素质与从业能力。

经费方面，由政府、工会、用人单位和学习者共同分担成本。鼓励参与高校对农民工接受学历继续教育和非学历培训进行学费优惠。积极争取社会资源通过多种途径参与、支持农民工学历与能力提升计划。

在实践中，各省各地都结合实地情况进行创新。海南省以服务到家的姿态为农民工提供便利。海南省委托唯一省属成人高校海南广播电视大学具体实施农民工职业技能提升计划，并着力解决农民工学子"没钱没时间"的问题，海南省财政配套帮助，送教上门，就近面授。河南省则在多渠道筹措经费上下功夫，推动建立健全政府、工会、用人单位和学习者共同分担成本的投入机制。许昌职业技术学院联合许昌市总工会深入到建筑、保险、机械制造等企业，与企业工会和人力资源部结合，对人员相对集中的企业，与企业签订联合培养协议，学费实行"三三制"——学校减免一点、企业出一点、个人拿一点，并根据企业生产计划和企业实际情况联合制订教学计划，实行送教上门和网上学习等灵活的学习形式。上海市组织实施了"上海百万在岗人员学力提升行动计划"，在实施过程中，上海注重"校企合作"办学模式，鼓励行业企业参与课程体系开发和教学过程，使培养计划更贴近农民工等在岗人员群体的需求。福建省同样积极创新培养模式，省教育厅支持福建广播电视大学试点"开放教育二元制"人才培养模式改革，将高等职业教育"二元制"向成人教育延伸，授权采用"文化综合知识考试＋专业基础考试与岗位技能测试"相结合的考试办法，单独组织考试和录取，招收与企业签订劳动合同的在职员工，开展专科学历继续教育。

各地在调研中了解到，网络是农民工学员最喜欢的教学方式。"没有围墙的新型大学"——国家开放大学以现代信息技术为支撑，办学网络立体覆盖全国城乡，面向全体社会成员。国家开放大学探索基于"六网融通"的全网教学模式，实现"泛在学习"，有效解决了工学矛盾，成为教育部和全国总工会"求学圆梦行动"的示范区。

● 什么是高技能人才培训基地和技能大师工作室？

"十二五""十三五"期间，人力资源和社会保障部会同财政部共同推进实施国家高技能人才振兴计划，重点围绕十大振兴产业、新兴战略性产业和经济社会发展急需紧缺行业（领域）布局，重点依托技工院校、公共实训基地、行业企业等机构建设了954个国家级高技能人才培训基地和1196个国家级技能大师工作室，广泛组织开展高技能人才研修提升培训、培训课程研发、成果交流和技能人才评价、职业技能竞赛等活动，充分发挥高技能领军人才在带徒传技、技能攻关、技艺传承、技能推广等方面的重要作用。

为深入贯彻落实中共中央、国务院《新时期产业工人队伍建设改革方案》和中央人才工作会议有关要求，根据《"十四五"职业技能培训规划》安排部署，继续做好高技能人才培训基地和技能大师工作室建设工作，人社部、财政部联合印发《国家级高技能人才培训基地和技能大师工作室建设项目实施方案》（以下简称《方案》）。

《方案》提出，2022年至2025年，继续实施国家级高技能人才培训基地和技能大师工作室建设项目。拟重点支持建设400个以上国家级高技能人才培训基地和500个以上国家级技能大师工作室，打造集技能培训、技能评价、技能竞赛、技能交流、工匠精神传播等为一体的综合型高技能人才培养培训载体，推动构建形成覆盖重点产业行业和急需紧缺职业（工种）的高技能人才培养培训和技能推广网络。

《方案》提出，要优先支持建设先进制造业、战略性新兴产业及托育、护理、康养、家政等民生重点领域国家级高技能人才培训基地，加强相关领域急需紧缺职业（工种）高技能人才培养力度。中央财政通过就业补助资金对项目分类分档予以支持。地方政府和项目建设单位要积极落实项目建设主体责任，进一步加强经费保障。

专栏一　广东省实施特色培育工程，大力培育乡村技能人才

一是实施"粤菜师傅"工程。组织开发"粤菜师傅"能力考核标准及培训体系，扶持建设5个国家级"粤菜师傅"大师工作室、50个省级培训基地和50个省级大师工作室。创新"粤菜师傅＋旅游"模式，推动各地结合发展"一村一品""一镇一业"，建设乡村粤菜美食旅游景点63个，打造乡村粤菜美食旅游精品线路39条。成功举办首届全省"粤菜师傅"技能大赛、粤港澳大湾区"粤菜师傅"技能大赛,打造岭南饮食文化品牌。截至目前,累计开展"粤菜师傅"培训3.7万人次,直接带动就业创业11.8万人。

二是实施"南粤家政"工程。出台"南粤家政"工程促进就业工作方案,实施技能提升、就业创业、品牌创建、权益保障四个行动计划,围绕母婴、居家、养老、医护四个重点项目组织开展培训和促进就业,推动家政服务职业化、专业化、标准化、国际化发展。全省累计培训19.4万人次,涌现出"羊城家政""鹏城管家""肇庆管家""客家大嫂"等家政服务品牌,2019年全省共有约1.59万家家政服务企业,吸纳以农村劳动力为主的家政从业人员逾97.5万人。

三是实施"广东技工"工程。印发"广东技工"工程实施方案,推进服务现代产业、技工教育高质量发展、终身职业培训提升、评价激励制度创新、技能精英培育成长、技能就业创业、工匠精神培育弘扬七大行动。在第45届世界技能大赛上,广东省选手获得8金3银1铜8个优胜奖,金牌数和奖牌数均居全国第一位。2020年培育"广东技工"100万人次以上,到2025年,全省高技能人才占技能人才比例达40%以上。

● 什么是职业培训补贴和职业技能鉴定补贴?

依据财政部、人力资源和社会保障部《就业补助资金管理办法》,享受职业培训补贴的人员范围包括:贫困家庭子女、毕业年度高校毕业生(含技师学院高级工班、预备技师班和特殊教育院校职业教育类毕业生,下同)、城乡未继续升学的应届初高中毕业生、农村转移就业劳动者、城镇登记失业人员(以下简称五类人员),以及符合条件的企业职工。

职业培训补贴用于以下三方面：

一是五类人员就业技能培训和创业培训。对参加就业技能培训和创业培训的五类人员，培训后取得职业资格证书的（或职业技能等级证书、专项职业能力证书、培训合格证书，下同），给予一定标准的职业培训补贴。各地应当精准对接产业发展需求和受教育者需求，定期发布重点产业职业培训需求指导目录，对指导目录内的职业培训，可适当提高补贴标准。对为城乡未继续升学的应届初高中毕业生垫付劳动预备制培训费的培训机构，给予一定标准的职业培训补贴。其中农村学员和城市低保家庭学员参加劳动预备制培训的，同时给予一定标准的生活费补贴。

二是符合条件的企业职工岗位技能培训。对企业新录用的五类人员，与企业签订1年以上期限劳动合同，并于签订劳动合同之日起1年内参加由企业依托所属培训机构或政府认定的培训机构开展岗位技能培训的，在取得职业资格证书后给予职工个人或企业一定标准的职业培训补贴。对按国家有关规定参加企业新型学徒制培训、技师培训的企业在职职工，培训后取得职业资格证书的，给予职工个人或企业一定标准的职业培训补贴。

三是符合条件人员项目制培训。各地人社、财政部门可通过项目制方式，向政府认定的培训机构整建制购买就业技能培训或创业培训项目。如为化解钢铁煤炭煤电行业过剩产能企业失业人员、建档立卡贫困劳动力免费提供就业技能培训或创业培训。对承担项目制培训任务的培训机构，给予一定标准的职业培训补贴。

对通过初次职业技能鉴定并取得职业资格证书（不含培训合格证）的五类人员，给予职业技能鉴定补贴。对纳入重点产业职业资格和职业技能等级评定指导目录的，可适当提高补贴标准。

职业培训补贴实行"先垫后补"和"信用支付"等办法。有条件的地区应探索为劳动者建立职业培训个人信用账户，鼓励劳动者自主选择培训机构和课程，并通过信用账户支付培训费用。劳动者可以到当地人力资源和社会保障部门了解当地补贴培训相关信息。

富裕

第三编

拓宽农民就业渠道

● 《"十四五"就业促进规划》中提及了哪些农民就业新渠道?

就业是最大的民生。依据《中华人民共和国国民经济和社会发展第十四个五年规划和 2035 年远景目标纲要》,国务院编制并印发《"十四五"就业促进规划》,作为推动就业高质量发展的工作指引,旨在到 2025 年,实现就业形势总体平稳、就业质量稳步提升、结构性就业矛盾有效缓解、创业带动就业动能释放、风险应对能力显著增强。其中针对农民就业导向、乡村就业空间的内容有:

一、全面增强就业吸纳能力

1. 扩大服务业就业。推动现代服务业同先进制造业、现代农业深度融合,支持生产性服务业和服务外包创新发展。

2. 拓展农业就业空间。深化农业供给侧结构性改革,加强现代农业产业园和农业现代化示范区建设,打造农业全产业链,提升农业价值链,吸纳带动更多就业。实施农民合作社规范提升行动、家庭农场培育计划和高素质农民培育计划,推动小农户与现代农业发展有机衔接,扶持一批农业产业化龙头企业牵头、家庭农场和农民合作社跟进、广大小农户参与的农业产业化联合体,实现抱团发展,促进农民就业增收。

二、培育接续有力的就业新动能

支持多渠道灵活就业和新就业形态发展。破除各种不合理限制,建立促进多渠道灵活就业机制,支持和规范发展新就业形态。鼓励传统行业跨界融合、业态创新,增加灵活就业和新就业形态就业机会。

三、提高区域就业承载力

壮大县乡村促就业内生动力。深入推进新型城镇化和乡村振兴战略有效衔接,推动县乡村联动发展,促进产镇融合、产村一体,打造"一县一业""一乡一特""一村一品"经济圈,做好产业和就业帮扶。推进以县城为重要载体的城镇化建设,补短板强弱项,增强综合服务能力,促进绿色低碳发展,吸引各类生产要素向县城流动聚集,做大做强县域经济,扩大县城就业需求。支持乡镇提升服务功能,增加生产生活要素供给,为发展产业、带动就业创造良好条件,把乡镇建设成拉动农村劳动力就业的区域中心。完善农村一二三产业融合发展体系,丰富乡村经济业态,促进乡村产业多模式融合、多类型示范,打造乡村产业链供应链,加快乡村产业振兴步伐,培育乡村就业增长极。

四、鼓励引导各类群体投身创业

激发劳动者创业的积极性、主动性。实施农村创业创新带头人培育行动,壮大新一代乡村企业家队伍。鼓励引导有创业意愿和创业能力的农民工、大学生、退役军人等人员返乡入乡创业。

五、全面提升创业服务

依托各类产业园区建设一批返乡入乡创业园。

六、推进农村劳动力就业转移

1. 稳定和扩大农村劳动力外出就业规模。广泛开展区域间劳务协作,健全劳务输入集中区域与劳务输出省份对接协调机制,加强劳动力跨区域精准对接,发展劳务组织和经纪人,有序组织输出地农村劳动力外出务工。培育一批有地域特色、行业特征、技能特点、带动农村劳动力就业效果好的劳务品牌。实施农民工素质提升工程,推进新生代农民工职业技能提升计划。创建一批农村劳动力转移就业示范县。

2. 促进农村劳动力就地就近就业。依托县域经济、乡村产业发展，为农村劳动力创造更多就地就近就业岗位。重大投资项目、各类基础设施建设积极吸纳更多当地农村劳动力参与。加大以工代赈实施力度，在农业农村基础设施建设领域积极推广以工代赈方式，广泛组织当地农村劳动力，优先吸纳农村低收入人口参与工程建设以及建成后的维修养护，并及时足额发放以工代赈劳务报酬。

● 国家出台了哪些政策支持农民工返乡创业？

支持农民工等人员返乡入乡创业，是党中央、国务院作出的重大决策部署。党的十八大以来，我国出台了一系列政策，优化农村创业环境、促进农民工等人员返乡下乡创业，着力构建返乡下乡创业的支持政策体系。

2014年9月，由国务院印发的《关于进一步做好为农民工服务工作的意见》中明确指出，将农民工纳入创业政策扶持范围，运用财政支持、创业投资引导和创业培训、政策性金融服务、小额担保贷款和贴息、生产经营场地和创业孵化基地等扶持政策，促进农民工创业。

2015年6月，国务院办公厅印发《关于支持农民工等人员返乡创业的意见》提出了五大主要任务：促进产业转移带动返乡创业、推动输出地产业升级带动返乡创业、鼓励输出地资源嫁接输入地市场带动返乡创业、引导一二三产业融合发展带动返乡创业，支持新型农业经营主体发展带动返乡创业。提出六条创业服务措施：加强基层服务平台和互联网创业线上线下基础设施建设、依托存量资源整合发展农民工返乡创业园、强化返乡农民工等人员创业培训工作、完善农民工等人员返乡创业公共服务、改善返乡创业市场中介服务、引导返乡创业与万众创新对接。提出五大政策措施：降低返乡创业门槛、落实定向减税和普遍性降费政策、加大财政支持力度、强化返乡创业金融服务、完善返乡创业园支持政策。提出了2015—2017年七大行动计划，分别为《提升基层创业服务能力行动计划》《整合发展农民工返乡创业园行动计划》《开发农业农村资源支持返乡创业行动计划》《完善基础设施支持返乡创业行动计划》《电子商务进农村综合示范行动计划》《创业培训专项行动计划》《返乡创业与万众创新有序对接行动计划》。

2016年11月，国务院办公厅印发《关于支持返乡下乡人员创业创新促进农村一二三产业融合发展的意见》，鼓励和引导返乡下乡人员结合自身优势和特长，根据市场需求和当地资源禀赋，利用新理念、新技术和新渠道，开发农业农村资源，发展优势特色产业，繁荣农村经济。鼓励和引导返乡下乡人员按照法律法规和政策规定，通过承包、租赁、入股、合作等多种形式，创办领办家庭农场林场、农民合作社、农业企业、农业社会化服务组织等新型农业经营主体。鼓励和引导返乡下乡人员按照全产业链、全价值链的现代产业组织方式开展创业创新，建立合理稳定的利益联结机制，推进农村一二三产业融合发展，让农民分享二三产业增值收益。

2020年2月，国家发改委等19个部门联合印发《关于推动返乡入乡创业高质量发展的意见》（以下简称《意见》），提出经过3年至5年努力，支持返乡入乡创业的政策体系更加完善，返乡入乡创业环境进一步优化，市场主体活力进一步迸发，产业转移承接能力进一步增强,带动就业能力进一步提升。到2025年,打造一批具有较强影响力、一二三产业融合发展的返乡入乡创业产业园、示范区(县)。《意见》提出六方面重点任务。一是深化"放管服"改革,优化返乡入乡创业营商环境。推进简政放权,优化创业服务,培育中介服务市场,构建亲商安商的良好环境。二是加大财税政策支持,降低返乡入乡创业生产经营成本。创新财政资金支持方式,实施税费减免。三是创新金融服务,缓解返乡入乡创业融资难题。加大贷款支持,引导直接融资,创新担保方式,扩大抵押物范围。四是健全用地支持政策,保障返乡入乡创业生产经营空间。优先保障返乡入乡创业用地,完善土地利用方式,盘活存量土地资源。五是优化人力资源,增强返乡入乡创业发展动力。强化创业培训,大力培养本地人才,加快职业技能培训平台共建共享,加强人才引进。六是完善配套设施和服务,强化返乡入乡创业基础支撑。完善基础设施,搭建创业平台,优化基本公共服务。

2022年11月,《关于进一步支持农民工就业创业的实施意见》提出加快推进返乡入乡创业。实施重点群体创业推进行动,组建一批创业服务专家队伍,为返乡创业农民工提供政策咨询、开业指导等专业化服务。强化试点示范,挖掘典型案例,高质量建设返乡入乡创业园、创业孵化基地,推荐带动就业明显、发展前景好的返乡入乡创业项目入驻。推动创业担保贷款、税费减免、场地安排、一次性创业补贴等政策"打包办""提速办",为农民工返乡创业提供培育、孵化、加速等创业扶持。

◉ 准备进城就业或自主创业的农村劳动者如何参加政府组织的就业创业培训？

有劳动能力有转移就业意愿或有创业意愿的农村劳动者，可以到政府定点的培训机构报名参加免费的就业创业培训，提升自身就业创业能力也可到所在村的村级公共就业服务中心进行登记。

国务院办公厅《关于支持农民工等人员返乡创业的意见》提出：强化返乡农民工等人员创业培训工作。紧密结合返乡农民工等人员创业特点、需求和地域经济特色，编制实施专项培训计划，整合现有培训资源，开发有针对性的培训项目，加强创业师资队伍建设，采取培训机构面授、远程网络互动等方式有效开展创业培训，扩大培训覆盖范围，提高培训的可获得性，并按规定给予创业培训补贴。建立健全创业辅导制度，加强创业导师队伍建设，从有经验和行业资源的成功企业家、职业经理人、电商辅导员、天使投资人、返乡创业带头人当中选拔一批创业导师，为返乡创业农民工等人员提供创业辅导。支持返乡创业培训实习基地建设，动员知名乡镇企业、农产品加工企业、休闲农业企业和专业市场等为返乡创业人员提供创业见习、实习和实训服务，加强输出地与东部地区对口协作，组织返乡创业农民工等人员定期到东部企业实习，为其学习和增强管理经验提供支持。发挥好驻贫困村"第一书记"和驻村工作队的作用，帮助开展返乡农民工教育培训，做好贫困乡村创业致富带头人培训。

《关于推动返乡入乡创业高质量发展的意见》提出优化人力资源，增强返乡入乡创业发展动力，强化创业培训。持续实施返乡入乡创业培训行动计划，使每位有意愿的创业者都能接受一次创业培训。实施返乡入乡创业带头人培养计划，对具有发展潜力和带头示范作用的返乡入乡创业人员，依托普通高校、职业院校（含技工院校，下同）、优质培训机构、公共职业技能培训平台等开展创业能力提升培训，符合条件的，按规定纳入职业培训补贴范围。

大力培养本地人才。坚持需求导向，依托科教园区、各级各类学校特别是职业院校，实施产教融合、校企合作，开设返乡入乡创业特色产业相关专业，支持返乡入乡创业企业与院校合作订单式培养急需紧缺专业人才。大规模开展职业技能培训，大力培养适应返乡入乡创业企业需求的高素质劳动者。

加快职业技能培训平台共建共享。围绕地方和返乡入乡创业发展需求，支持部分返乡创业试点地区建设一批公共实训基地，支持有条件的职业院校、企业深化校企合作并建设产教融合实训基地，依托大中型企业、知名村镇、大中专院校等力量建设一批农村创新创业孵化实训基地，为返乡入乡创业提供职业技能培训基础平台支撑。

加强人才引进。制定返乡入乡创业"引人""育人""留人"政策措施。鼓励返乡入乡创业企业招用各类人才，各地可参照当地人才引进政策给予奖励、住房补贴等支持。鼓励专业技术人才以技术投资、入股等方式转让、转化科研成果，帮助支持返乡入乡创业企业发展。

● **农民工等返乡入乡创业享受什么样的财税政策支持？**

1. 国务院办公厅《关于支持农民工等人员返乡创业的意见》提出：农民工等人员返乡创业，符合政策规定条件的，可适用财政部、国家税务总局《关于小型微利企业所得税优惠政策的通知》《关于进一步支持小微企业增值税和营业税政策的通知》《关于对小微企业免征有关政府性基金的通知》，人力资源和社会保障部、财政部《关于调整失业保险费率有关问题的通知》的政策规定，享受减征企业所得税、免征增值税、营业税、教育费附加、地方教育附加、水利建设基金、文化事业建设费、残疾人就业保障金等税费减免和降低失业保险费率政策。

2. 国务院办公厅《关于支持农民工等人员返乡创业的意见》提出：对返乡农民工等人员创办的新型农业经营主体，符合农业补贴政策支持条件的，可按规定同等享受相应的政策支持。对农民工等人员返乡创办的企业，招用就业困难人员、毕业年度高校毕业生的，按规定给予社会保险补贴。对符合就业困难人员条件，从事灵活就业的，给予一定的社会保险补贴。对具备各项支农惠农资金、小微企业发展资金等其他扶持政策规定条件的，要及时纳入扶持范围，便捷申请程序，简化审批流程，建立健全政策受益人信息联网查验机制。经工商登记注册的网络商户从业人员，同等享受各项就业创业扶持政策；未经工商登记注册的网络商户从业人员，可认定为灵活就业人员，同等享受灵活就业人员扶持政策。

3.《关于推动返乡入乡创业高质量发展的意见》提出：创新财政资金支持方式。统筹利用现有资金渠道或有条件的地区因地制宜设立返乡入乡创业资金，为返乡入乡创业人员和企业提供支持。充分利用外经贸发展专项资金，支持中西部和东北地区承接加工贸易梯度转移，带动促进返乡创业。允许发行地方政府专项债券支持符合条件的返乡入乡创业产业园、示范区（县）建设项目。

4.《关于推动返乡入乡创业高质量发展的意见》提出：实施税费

减免。对返乡入乡创业企业招用建档立卡贫困人口、登记失业人员，符合条件的，按规定落实税收优惠等政策。对入驻返乡入乡创业示范基地、创新创业园区（基地）、创业孵化基地等场所或租用各类园区标准化厂房生产的返乡入乡创业企业，各地可对厂房租金、卫生费、管理费等给予一定额度减免。

5. 人力资源社会保障部、财政部、农业农村部《关于进一步推动返乡入乡创业工作的意见》提出返乡入乡创业人员可在创业地享受与当地劳动者同等的创业扶持政策。对首次创业、正常经营1年以上的返乡入乡创业人员给予一次性创业补贴。

◉ 农民工等返乡入乡创业享受什么样的金融政策支持？

1. 国务院办公厅《关于支持农民工等人员返乡创业的意见》提出：强化返乡创业金融服务。加强政府引导，运用创业投资类基金，吸引社会资本加大对农民工等人员返乡创业初创期、早中期的支持力度。在返乡创业较为集中、产业特色突出的地区，探索发行专项中小微企业集合债券、公司债券，开展股权众筹融资试点，扩大直接融资规模。进一步提高返乡创业的金融可获得性，加快发展村镇银行、农村信用社等中小金融机构和小额贷款公司等机构，完善返乡创业信用评价机制，扩大抵押物范围，鼓励银行业金融机构开发符合农民工等人员返乡创业需求特点的金融产品和金融服务，加大对返乡创业的信贷支持和服务力度。大力发展农村普惠金融，引导加大涉农资金投放，运用金融服务"三农"发展的相关政策措施，支持农民工等人员返乡创业。落实创业担保贷款政策，优化贷款审批流程，对符合条件的返乡创业人员，可按规定给予创业担保贷款，财政部门按规定安排贷款贴息所需资金。

2.《关于推动返乡入乡创业高质量发展的意见》提出：创新金融服务，缓解返乡入乡创业融资难题。

加大贷款支持。各地要加强与相关金融机构合作，创新金融产品和服务，加大对返乡入乡创业企业金融支持。推动城市商业银行、农村商业银行、农村信用社业务逐步回归本源，县域吸收的存款优先用于返乡入乡创业。鼓励和支持国有商业银行合理赋予县域支行信贷业务审批权限，激发县域支行支持返乡入乡创业融资积极性。支持相关银行对暂时存在流动资金贷款偿还困难且符合相关条件的返乡入乡创业企业给予展期。适当提高对返乡入乡创业企业贷款不良率的容忍度。

引导直接融资。切实发挥国家中小企业发展基金、国家新兴产业创业投资引导基金及各地的产业引导基金、创业投资基金等作用，撬动更多社会资本支持返乡入乡创业。进一步放开资本市场，积极利用上市、发行债券等方式拓宽融资渠道。支持私募股权投资基金加大对返乡入乡创业支持力度。加大债券产品创新，支持返乡入乡创业企业通过发行创新创业公司债券等进行融资。

创新担保方式。探索实施返乡入乡创业信用贷款政策，鼓励在返乡创业试点地区拓展返乡入乡创业企业信用贷款业务。完善创业担保贷款政策，放宽小微企业创业担保贷款申请条件。加快完善政府性融资担保体系，充分发挥国家融资担保基金等作用，积极为符合条件的返乡入乡创业市场主体实施融资担保。推广"银行保险+政策性担保"合作融资模式，鼓励保险公司为返乡入乡创业人员提供贷款保证保险产品。

扩大抵押物范围。加快宅基地、集体建设用地以及农房等农村不动产确权登记，完善集体经营性建设用地抵押制度。在宅基地制度改革试点框架下，有条件的地区按照风险可控原则，稳妥探索宅基地使用权抵押贷款业务。探索实施利用大型农机具、股权、商标、应收账款等抵（质）押贷款，不断拓展抵（质）押物范围。

● 各地在探索返乡创业发展的过程中有哪些典型经验可以借鉴？

2015年以来，国家发展改革委会同有关部门分三批组织341个返乡创业试点县（市、区）开展支持农民工等人员返乡创业试点工作。各试点地区积极探索适合自身的返乡创业发展路径，形成了多层次多样化高质量的返乡创业发展格局，对带动就地就近就业、繁荣乡村产业、促进乡村振兴起到了巨大的推动作用。国家发展改革委办公厅印发《关于推广支持农民工等人员返乡创业试点经验的通知》中，对试点典型经验进行了归纳总结，从三大方面推广试点典型经验，供各地借鉴应用。

一、引进培育发展返乡创业产业集群

充分利用本地要素禀赋。引导返乡创业与本地特色资源、区位条件、产业基础等相结合，大力发展具有比较优势的产业，是各地行之有效、值得推广的成功经验。安徽省凭借邻近长三角的区位优势，通过引导返乡创业积极承接产业转移，如望江县大力发展服装产业，潜山市集中发展制刷产业，无为市积极发展电线电缆产业。重庆市充分利用各试点区县资源禀赋和交通优势，统一规划，发展各具特色的返乡创业产业集群，如永川区的现代农业、开州区的电

子轻纺、綦江区的机械制造、垫江区的电商物流。江西省实施"一县一品"战略，立足原有的产业基础，如赣州南康区集中发展家具产业，新干县着力发展箱包皮具产业，德兴市创新发展遮阳产业。

加大招商引资力度。以乡情、乡愁为纽带，以龙头企业、领军人才为支撑，坚持精准招商，抓好以商招商，开展全产业链招商，引导返乡人员抱团发展、集群创业。贵州省正安县紧盯大量在外务工正安籍制造业人才这一资源，组织工作队远赴广东等地开展招商，在招才引智中主打"乡情牌"，引导鼓励吉他制造技术人才返乡创业，随后又通过以商招商、产业链招商，引进了知名乐器和配套生产企业，开启了"无中生有"的吉他产业集聚发展之路。江西省鹰潭市余江区建立了以企业为核心的招商平台，依托国际眼镜城等返乡创业龙头企业的市场、技术优势，吸引东部地区上下游企业回归发展，形成了由 100 多家覆盖眼镜生产、加工、销售等全链条眼镜企业组成的产业集群，成为全国四大眼镜生产基地之一。江西省贵溪市积极引进和发展市场化中介机构，委托中介机构进行市场调查、项目洽谈，成功从东莞、深圳等地引进了多家大型企业项目入驻。

大力发展电商产业。引导返乡农民工等人员创新创业与电商相结合，改变传统销售模式，延伸拉长上下游链条，促进优质产品销售，推动配套行业集聚协同发展，拓展返乡创业空间。国家发展改革委分别与阿里巴巴集团、京东集团等电子商务龙头企业签署战略合作协议，支持试点地区建设电商平台、物流渠道和营销网络，解决农产品"上行难"问题，带动更多人员返乡创业就业。湖北省枝江市以扶持返乡人员电商创业为抓手，通过安排专项扶持资金、建设电商孵化器、开展电商培训、推进返乡电商创业试点等举措,强化政策支持,形成了返乡电商创业的"枝江模式"。江苏省沭阳县大力发展"花木电商",依托沭阳软件产业园、苏奥电商产业园以及各类众创空间和孵化基地,加强电商创业载体建设,实施"远程网店"工程,建立"淘宝·沭阳直播基地",在电商主流平台开设花木专场,构建"县有园区、镇有集中区、村有网点"的三级快递物流体系,每年评选"十大诚信花木电商""沭阳十大淘宝精英""沭阳十大诚信花木网店",通过返乡创业做大做强花木产业,引领全县乡村产业振兴。

二、强化返乡创业平台支撑

打造专业化返乡创业孵化平台。依托各类返乡创业孵化平台,提供全要素全链条的返乡创业孵化服务,帮助返乡创业企业尽快发展壮大。河南省汝州市建立了4个返乡创业孵化基地,采取众创空间、创新工场、模拟创业等模式,初创期返乡创业企业可免费入驻。山东省菏泽市牡丹区建立了6个线上线下一体、孵化与加速一体的返乡创业孵化基地,具有孵化、培训、辅助运营、物流配送等综合功能。湖南省醴陵市实行创业孵化基地共建、资源共享,构建起"政府、社会、行业企业、学校"四位一体的返乡创业孵化联动机制。四川省宜宾市叙州区搭建孵化物理平台、服务平台、交流平台、推广平台等四大平台,助力种子项目落地生根、新建企业稳定运营、成熟企业加速发展。

建设改造提升返乡创业园。通过建设一体化、标准化厂房,完善基础设施,实现企业"拎包入驻",降低运营成本,促进返乡创业企业集群发展。河南省汝州市围绕发展机绣产业,根据返乡人员创业和经营特点，建设了占地 4000 余亩的汝绣农民工返乡创业产业园，并实行三年免租金政策，为返乡创业企业提供集聚发展的平台。江西省德兴市投资 8 亿元建成了占地 505 亩的返乡创业示范基地，建设了 40 多万平方米的标准厂房及配套设施，以最低廉的价格出租给返乡创业企业，企业仅需投资生产设备就可以入驻，投资周期大大缩短。安徽省太湖县建设了占地 47.7 亩的新仓镇农民工返乡创业园，采取"财政补一点、税收补一点、金融机构贷一点、规费减一点、职能部门帮一点"的方式支持农民工进驻园区经营。

三、着力解决"痛点""难点"问题

缓解融资难问题。各地纷纷通过创新信贷政策、开发返乡创业金融产品、扩大直接融资渠道等举措，缓解返乡创业融资难问题。国家发展改革委会同国家开发银行、中国农业发展银行搭建"政银企"合作平台，设立返乡创业专项贷款，扩大返乡创业金融供给，重点支持农产品开发、龙头企业发展和园区基础设施建设。河南省设立总规模 100 亿元的农民工返乡创业投资基金，通过撬动社会资本加大对初创型返乡创业企业的支持力度。江西省赣州市南康区以县域金融改革创新试点为抓手，引导区内银行创新推出"产业升级贷""品牌贷"等 50 个金融创新产品，发行"双创债"，支持返乡创业企业融资。甘肃省高台县引入社会资本出资，设立"弱水三千创业创新基金"，对种子期返乡创业项目进行天使投资。四川省邛崃市引入保险公司开发农村土地流转履约保证保险产品，降低返乡创业项目风险。

保障返乡创业用地。部分试点地区通过扩大增量、盘活存量、创新供应方式，有效满足了返乡创业用地需求，经验值得复制推广。

山西省岚县首次将返乡人员创业用地纳入城乡发展规划、新农村建设总体规划和村镇建设规划统筹安排，优先保障返乡创业用地。云南省南华县在全省范围内率先将政府公租房提供给创业积极性较高的返乡农民工作为经营用房。安徽省泗县在未新增用地指标的前提下，将原"僵尸"企业用地和厂房改造用于支持返乡创业。山东省沂南县通过盘活老厂区低效闲置土地，优先用于返乡创业。四川省仁寿县通过工业用地弹性年期出让、长期租赁、先租后让、租让结合等土地供应方式，降低返乡创业用地一次性支出成本。

注重引人留人。建立完善人才培育、引进、保障、激励政策体系，积极吸引人才、留住人才。重庆市永川区建立返乡人才项目库，收录农村实用人才，采用分类对接、重点跟踪的方式，以乡情和资源等优势吸引他们返乡创业，同时出台了"英才培育引进16条"等激励政策，为返乡人才引进培育提供"绿色通道"，消除后顾之忧。四川省宜宾市实施"杰出创业人才培育计划"，对大学生、科技人员等返乡创业人才给予培育扶持资金，对急需引进人才开展高科技含量返乡创业项目给予补贴。陕西省充分发挥杨凌农业高新技术产业示范区辐射作用，依托各类技术院校教学平台，定向培养返乡创业高端人才。安徽省濉溪县建立了"农民创业星火人才库"，对创业成效突出的返乡创业人才进行跟踪培养，及时吸收进党员和村"两委"队伍。

优化创业服务。深入推进"放管服"改革，强化政府职能，健全服务机制，为返乡创业提供强有力服务保障，营造良好的返乡创业营商环境。江苏省金湖县推行返乡农民工本土创业准入"无门槛"、服务"零收费"、注资"分步走"、场所"无限制"改革，率先上线"多评合一"网上服务平台,为农民工等人员返乡创业提供全程代办服务。四川省宜宾市叙州区创新设立"1+N"返乡创业服务平台,即1个县级加多个乡镇服务平台,平台之间网络互通、资源共享,为返乡人员提供远程在线服务。江西省鹰潭市成立了返乡创业项目评审组,实施一名干部联系一个创业项目的"一对一"帮扶指导,为创业者提供政策咨询、项目推介、开业指导、创业培训等服务。江西省于都县建立"店小二"机制,确保每家返乡创业企业有一名挂点县领导、一个服务单位、一名具体负责人提供点对点服务,帮助企业解决项目落地各个阶段的各种困难。安徽省金寨县根据创业者需求列出技能"培训菜单",依托当地技师学院大力培训返乡创业人员。河南省新蔡县运用政府购买服务机制,引入专业化市场中介服务机构,提供市场分析、管理辅导等深度服务,帮助初创期企业改善管理、开拓市场。

● 如何让农民更多分享产业增值收益?

党的十九大报告提出,促进农村一二三产业融合发展,支持和鼓励农民就业创业,拓宽增收渠道。2018年中央一号文件提出,构建农村一二三产业融合发展体系。大力开发农业多种功能,延长产业链、提升价值链、完善利益链,通过保底分红、股份合作、利润返还等多种形式,让农民合理分享全产业链增值收益。2021年的《政府工作报告》强调"多渠道增加农民收入,促进农村一二三产业融合发展"。

为深入贯彻落实中央决策部署,农业农村部实施农村一二三产业融合发展推进行动。实施推进行动,有利于构建现代农业产业体系、经营体系和生产体系，提升农业质量效益和市场竞争力；有利于拓宽农民就业增收渠道，促进农民持续较快增收；有利于培育农村新产业新业态新模式，壮大农业农村发展新动能；有利于促进城乡各种资源要素合理流动，以产业融合促进城乡融合。推动产业融合，完善企业与农民利益联结机制可以从以下几个方面发力：

1. 多主体参与。以返乡下乡本乡创业创新人员为重点，加快培育一批融合利益共同体；以科技人员、企业家、经营管理和职业技能人才等为重点，加快实施一批融合发展相关项目；以农村创业创新项目创意大赛、农村创业创新成果展览展示等为载体，选拔培育一批农村创业创新标杆和代表人物。

2. 多业态打造。发展绿色、循环农业，提高优质农产品生产比例，夯实产业融合发展基础。统筹推动初加工、精深加工、综合利用加工协调发展，不断增强农产品加工业引领带动能力。通过大力发展金融服务、物流配送、电子商务、休闲农业和乡村旅游等新产业新业态新模式，引导第三产业逐步实现主体多元化、业态多样化、设施现代化、发展集聚化、服务规范化，拓宽产业融合发展新途径。同时引导农村一二三产业跨界融合、紧密相连、一体推进，形成农业与其他产业深度融合格局，催生新产业新业态新模式，拓宽农民就业增收渠道。

3. 多机制联结。以保底收购、保底分红、利润返还、合作制、股份合作制、股份制等为主要形式，引导企业和农户建立紧密的利益联结关系；鼓励支持企业将资金、设备、技术与农户的土地经营权等要素有机结合，推动价值分配向上游农户倾斜，打造风险共担、利益共享、命运与共的农村产业融合发展主体；支持企业为农户提供种养技术、产品营销、商品化处理等服务，带领农户发展新产业，增加农户参与产业融合的机会，提升小农户自我发展并与现代农业对接的能力。

从实践来看，通过国家农村产业融合发展示范园建设，因地制宜探索建立"示范园+龙头企业+合作社+农户""示范园+行业协会+大户"等联农带农模式，建立健全与农民的利益联结机制，让农民分享到了产业融合发展的红利。据初步统计，自2018年示范园创建认定以来，截至2020年底，园区平均生产总值由40.4亿元增至48.6亿元，年均增长9.7%；农产品销售额超过2000亿元，年均增长近30%；示范园农民人均年收入从18300元增至22540元，年均增长11%。

● 农民工返乡就业创业有哪些机会？

近年来，相当一部分返乡农民工选择就地就近就业，截至2021年底，全国返乡入乡创业人员数量累计达到1120万人，较2020年底增加110万人，增速约为10.9%。其中，70%是返乡创业农民工，创办项目80%以上是一二三产业融合发展项目，为农村带来了人气、增添了活力。

在返乡入乡创业就业群体中：一部分人员回归种养业；一部分人员灵活就业；一部分人员在县乡稳定就业；一部分人员选择创业，主要在拓展乡村功能和价值方面寻找机会。农民工返乡创业创办的企业形式一般有：中小微企业、农产品加工企业、休闲农业经营主体、农业新型经营主体。创业活动主要覆盖的行业包括：特色种养业、农产品加工业、休闲农业和乡村旅游、信息服务、电子商务、特色工艺产业。返乡入乡创业就业人员从业方向多样化，进一步拓展了农民增收渠道。有测算表明，一个返乡创业项目平均可吸纳6～7人稳定就业，带动17人灵活就业，并通过契约式、分红式、股份式联结方式带动农民增收。

目前有55%的农民工在县域内就业。发展县域富民产业是拓宽农民增收致富渠道的重要抓手，2023年中央一号文件提出，培育壮大县域富民产业。完善县乡村产业空间布局，提升县城产业承载和配套服务功能，增强重点镇集聚功能。实施"一县一业"强县富民工程。引导劳动密集型产业向中西部地区、向县域梯度转移，支持大中城市在周边县域布局关联产业和配套企业。支持国家级高新区、经开区、农高区托管联办县域产业园区。

一些地方立足乡村资源，生态旅游资源，发展森林绿色康养产业，带动文旅商品开发、农特产品销售，景区成为周边农民就业新选择。截至2022年底，文化和旅游部分批公布了1399个全国乡村旅游重点村、198个全国乡村旅游重点镇（乡）。根据省级旅游行政主管部门的汇总统计，全国共有6万个行政村开展了乡村旅游经营活动。旅游业经济属性强、市场化程度高、产业影响力大。乡村旅游的快速发展，不仅促进了当地消费、就业和投资，还起到了文化交流、观念变迁等综合带动作用。2019年，全国109个乡村旅游监测点（村）接待游客2517万人次，旅游收入23.9亿元，村均收入2192.7万元，农民人均增收0.51万元。全国109个乡村旅游监测点村均旅游就业人数为349人，户均从业人员6.93人，其中受过初中以上教育的占92.4%。

另一类就业机会来自依托本地生活服务类平台提供个体劳动服

务的新就业形态，如：网约车司机、外卖骑手、快递员、家政保洁人员等。例如，"兴国表嫂"是江西兴国县打造的家政服务品牌，采取免餐费、免住宿费、免培训费的方式，对孕产妇、婴幼儿、老人护理等方面组织专业培训、技能培训、职业介绍、法律援助等一条龙服务，带火了当地的家政行业。此外，互联网打破了工作与空间的限制，类似客服这样的岗位，可以突破空间限制，解决了一部分返乡入乡人员就业问题。

以工代赈是促进就近就业增收、提高劳动技能的一项重要政策，能为群众特别是农民工、脱贫人口等提供规模性务工岗位。重点工程项目投资规模大、受益面广、带动效应强，吸纳返乡农民工就业潜力巨大，是实施以工代赈的重要载体。高标准农田建设、重大水利设施建设、农村人居环境整治、农业面源污染治理、农村厕所革命、冷链物流设施、现代农业产业园等项目建设，可以吸纳更多返乡农民工参与工程建设，实现返乡农民工就业增收和乡村发展双提升。2021年以来，国家发展改革委印发实施《全国"十四五"以工代赈工作方案》等文件，将劳务报酬占中央资金比例由此前的10%以上提高至15%以上，联合财政部已下达中央投资近140亿元，实施以工代赈项目5000余个，实际发放劳务报酬占中央资金比例已达20%以上，部分地方超过30%，带动30余万农村低收入群众在家门口就业。

专栏二　返乡农民工留乡创业意向增强

农民外出务工是中国经济发展的重要特征。往年，春节后大批农民工返城返厂成为独有的景象。2020年，中西部地区一些农民工出现了新的变化。据中国农业大学国家农业农村研究院调查，外出农民工中有22.6%打算留乡就业，2.6%打算留乡创业。这是一种新的变化趋势，需要积极引导和有力的支持。主要特点：

利用平台创业。不少留乡人员在淘宝、快手、抖音、美菜网等平台注册创业。2020年美菜网1月以来乡镇社区果蔬团购"团长"超过5万人，申请"团长"人数月环比增速超过10%。阿里巴巴2月以来每天新增淘宝店铺3万多家，其中一半以上是乡镇卖家。快手新开通的"快手小店"比2019年同期增长163%。

创新业态创业。据调查，不少留乡人员创办卫生服务、健康养生、共享农庄、在线教育、居家养老等新产业新业态，特别是利用大数据、互联网、机器人等信息技术，发展5G视频农业、无人运输、无接触配送、点对点直供、产销合作社等。

创新模式创业。据监测，疫情防控期间80%的农村创业主体意向订单减少、原材料成本上涨、市场需求受到抑制，不少创业主体开始谋划转型升级，20%正在改变现有的客服模式，60%正在改变营销模式，40%向研发设计上游拓展。

（摘自《中国乡村振兴报告2020》中国农业出版社。）

⦿ 依托各类园区加强返乡入乡创业园建设有什么工作指引？

国务院办公厅《关于支持农民工等人员返乡创业的意见》提出：依托存量资源整合发展农民工返乡创业园。各地要在调查分析农民工等人员返乡创业总体状况和基本需求基础上，结合推进新型工业化、信息化、城镇化、农业现代化和绿色化同步发展的实际需要，对农民工返乡创业园布局作出安排。依托现有各类合规开发园区、农业产业园,盘活闲置厂房等存量资源,支持和引导地方整合发展一批重点面向初创期"种子培育"的返乡创业孵化基地、引导早中期创业企业集群发展的返乡创业园区,聚集创业要素,降低创业成本。挖掘现有物业设施利用潜力,整合利用零散空地等存量资源,并注意与城乡基础设施建设、发展电子商务和完善物流基础设施等统筹结合。属于非农业态的农民工返乡创业园,应按照城乡规划要求,结合老城或镇村改造、农村集体经营性建设用地或农村宅基地盘整进行开发建设。属于农林牧渔业态的农民工返乡创业园,在不改变农地、集体林地、草场、水面权属和用途前提下,允许建设方通过与权属方签订合约的方式整合资源开发建设。

《关于推动返乡入乡创业高质量发展的意见》提出:搭建创业平台。在统筹谋划基础上,支持和引导地方建设一批特色突出、设施齐全的返乡入乡创业园区(基地)。在现有各类园区基础上,整合资源、共建共享,改造提升一批乡情浓厚、产业集中、营商环境良好的返乡入乡创业产业园。支持各地推广新型孵化模式,整合建设一批创业孵化基地、小型微型企业创业创新基地、众创空间和星创天地等平台,并将其打造成为综合性返乡入乡创业孵化载体。

农业农村部乡村产业发展司相关负责人介绍,各地依托现有农村各类产业园区、物流节点、农业企业和种养基地等,建设了一批具有区域特色的返乡创业园。全国农村创业园区(基地)超过3500家,基本实现了县县有农村创业园区(基地)。

● **什么是农村创新创业带头人培育行动?**

近年来,农村创新创业人才不断涌现。返乡大学生、返乡农民工、致富带头人、农村企业家等创新创业人才，在带动农村经济发展和农民就业增收中发挥着积极作用，成为乡村振兴的重要力量。为了重点扶持返乡创业农民工、鼓励入乡创业人员，发掘在乡创业能人，壮大农村创新创业人才队伍，提升农村创新创业层次水平，2020年农业农村部、国家发展改革委、教育部、科技部、财政部、人力资源和社会保障部、自然资源部、退役军人事务部和银保监会等9部委联合印发《关于深入实施农村创新创业带头人培育行动的意见》，对财政政策、金融政策、创业用地、人才政策等支持举措作出了具体部署，要求各地加强指导服务，优化创业环境，培育一批饱含乡土情怀、具有超前眼光、充满创业激情、富有奉献精神的，能带动农村经济发展和农民就业增收的农村创新创业带头人。力争到2025年，培育农村创新创业带头人100万人以上，基本实现农业重点县的行政村全覆盖。具体工作从5个方面展开：

1. 要强化资金扶持，按规定对首次创业、正常经营1年以上的农村创新创业带头人，给予一次性创业补贴。引导相关金融机构和各类基金支持农村创新创业带头人创办的企业。

2. 保障创业用地，要求各地在新编县乡级国土空间规划、省级制定土地利用年度计划时，做好农村创新创业用地保障。

3. 加大人才支持，加快推进全国统一的社会保险公共服务平台建设，切实为农村创新创业带头人及其所需人才妥善办理社保关系转移接续。

4. 加强创业培训，支持有意愿人员参加创业培训，符合条件的按规定纳入职业培训补贴范围。探索"创业培训＋技能培训"，提供灵活便捷的线上线下培训。组建创业导师队伍和专家顾问团。

5. 优化创业服务，支持县乡政府设立农村创新创业服务窗口，开通网页专栏，提供一站式服务。建设一批农村创新创业园区和农村创新创业孵化实训基地，组建农村创新创业联盟，完善农村物流网络体系，帮助返乡入乡人员顺畅创业。

● 返乡创业农民工和农村自主创业农民是否可以申请创业担保贷款？

返乡创业农民工和农村自主创业农民可以申请创业担保贷款。

创业担保贷款原称小额担保贷款，是通过政府出资设立担保基金，委托担保机构提供贷款担保，由经办银行审核发放贷款，财政按规定给予贴息，用以减轻创业者和用人单位负担，支持劳动者自主创业、自谋职业，促进创业带动就业的一项政策。2015年4月21日国务院常务会议将小额担保贷款调整为创业担保贷款，最高额由10万元或不足10万元统一调为10万元，个人贷款比基础利率上浮3%以内的部分由财政贴息并简化手续。从资金使用成本上减轻小微企业的还贷压力，让小微企业有机会拥有更多初创资金。

2018年，财政部等部门发布《关于进一步做好创业担保贷款财政贴息工作的通知》，对创业担保贷款做出了一定调整，对创业担保贷款工作提出了更高要求。

扩大贷款对象范围。除原规定的创业担保贷款对象（城镇登记失业人员、就业困难人员、复员转业退役军人、刑满释放人员、高校毕业生、化解过剩产能企业职工和失业人员、返乡创业农民工、网络商户、建档立卡贫困人口）外，将农村自主创业农民纳入支持范围。将小微企业贷款对象范围调整为：当年新招用符合创业担保贷款申请条件的人员数量达到企业现有在职职工人数25%（超过100人的企业达到15%），并与其签订1年以上劳动合同的小微企业。

降低贷款申请条件。个人创业担保贷款申请人贷款记录的要求调整为：除助学贷款、扶贫贷款、住房贷款、购车贷款、5万元以下小额消费贷款（含信用卡消费）以外，申请人提交创业担保贷款申请时，本人及其配偶应没有其他贷款。

放宽担保和贴息要求。对已享受财政部门贴息支持的小微企业创业担保贷款，可通过创业担保贷款担保基金提供担保形式支持。对还款积极、带动就业能力强、创业项目好的借款个人和小微企业，可继续提供创业担保贷款贴息，但累计次数不得超过3次。同时要求各地各部门简化申请流程、提高办结效率。鼓励各地探索通过信用方式发放创业贷款，在不断提高风险评估能力的基础上，逐步取消反担保。

2019年财政部修订了普惠金融发展专项资金管理办法，对创业担保贷款贴息政策进行了完善。《关于做好2019年中央财政普惠金融发展专项资金管理工作的通知》强调加大创业担保贷款贴息及奖补政策力度。自2018年11月16日起，中央财政创业担保贷款贴息的个人创业担保贷款，最高贷款额度由10万元提高至15万元；贴息的小微企业创业担保贷款，最高额度由200万元提高至300万元。各地可因地制宜适当放宽创业担保贷款申请条件，由此产生的贴息资金由地方财政承担。

2020年为有效应对疫情影响，全力做好稳就业工作，财政部、人力资源和社会保障部、中国人民银行印发《关于进一步加大创业担保贷款贴息力度全力支持重点群体创业就业的通知》，扩大创业担保贷款覆盖范围,更好发挥创业担保贷款贴息资金引导作用。

增加支持群体。自该通知印发之日起至 2020 年 12 月 31 日新发放贷款,应将下列群体纳入支持范围:一是受疫情影响较大的批发零售、住宿餐饮、物流运输、文化旅游等行业暂时失去收入来源的个体工商户;二是贷款购车专门用于出租运营的个人;三是贷款购车加入网络约车平台的专职司机(需平台提供专职司机"双证"等证明材料);四是符合条件的出租车、网约车企业或其子公司;五是对已享受创业担保贷款贴息政策且已按时还清贷款的个人,在疫情防控期间出现经营困难的,可再次申请创业担保贷款。

降低申请门槛。小微企业当年新招用符合条件创业担保贷款申请条件的人数与企业现有在职职工人数的占比由 20% 下降为 15%,超过 100 人的企业下降为 8%。

适当提高额度。符合条件的个人最高可申请创业担保贷款额度由 15 万元提高至 20 万元。对符合条件的个人创业担保贷款借款人合伙创业的,可根据合伙创业人数适当提高贷款额度,最高不超过符合条件个人贷款总额度的 10%。

允许合理展期。对流动性遇到暂时困难的小微企业和个人(含个体工商户,下同)创业担保贷款,可给予展期,最长可展期至 2020 年 6 月 30 日,展期期间财政给予正常贴息。对已发放的个人创业担保贷款,借款人患新冠的,展期期限原则上不超过 1 年。

降低利率水平。金融机构新发放创业担保贷款利率应适当下降,具体标准为:贫困地区(含国家扶贫开发工作重点县、全国 14 个集中连片特殊困难地区)贷款利率上限由不超过 LPR(Loan Prime Rate,贷款市场报价利率)+300BP(Basis Point,基点)下降为 LPR+250BP,

中、西部地区由不超过 LPR+200BP 下降为 LPR+150BP，东部地区由不超过 LPR+100BP 下降为不超过 LPR+50BP。具体贷款利率由经办银行根据借款人和借款企业的经营状况、信用情况等与借款人和借款企业协商确定。本通知印发之日前已发放和已签订合同但未发放的贷款，仍按原规定执行。

自 2021 年 1 月 1 日起，新发放的个人和小微企业创业担保贷款利息，LPR-150BP 以下部分，由借款人和借款企业承担，剩余部分财政给予贴息。

各地政策略有差异，具体准备材料和申请流程可咨询当地人力资源和社会保障部门和放贷银行。

● 以工代赈在新时代如何带动当地群众就业增收？

以工代赈是一项农村扶贫政策。国家安排以工代赈投入建设农村小型基础设施工程，贫困农民参加以工代赈工程建设，获得劳务报酬，直接增加收入。以工代赈在我国已实践近 40 年，是国家支持农村经济社会发展和实施开发式扶贫的重要政策举措。自启动实施以来，以工代赈在改善农村生产生活条件和发展环境、促进农村群众就地就近就业增收、增强贫困人口内生动力和自我发展能力、促进区域协调发展等方面发挥了独特而重要的作用。

从 1984 年以来，国家先后实施了粮棉布以工代赈、中低档工业品以工代赈、工业品以工代赈、粮食以工代赈、江河治理以工代赈、国营贫困农场以工代赈 6 批规模较大的以工代赈计划。

1991—1994 年，国家每年安排 1 亿元资金采取以工代赈的方式，帮助地处边远、自然条件较差的国营农牧场改变面貌。《国家八七扶贫攻坚计划》指出，从1994年起，再增加10亿元以工代赈资金执行到2000年。

从全国范围看，以工代赈实施力度持续加大。"十三五"期间，国家发展改革委、财政部累计投入以工代赈中央投资近300亿元，带动地方资金超过35亿元，支持贫困地区实施了一大批农村中小型基础设施建设项目，在带动贫困群众就近就业增收、激发内生动力、改善贫困地区生产生活条件等方面发挥了独特而重要的作用，为如期打赢脱贫攻坚战作出了积极贡献。

为进一步扩大以工代赈政策实施范围和赈济效果，2020年11月国家发展改革委联合八部门印发实施了《关于在农业农村基础设施建设领域积极推广以工代赈方式的意见》，组织地方实施推广以工代赈方式的项目超过2万个，带动近200万名农村群众务工就业。同时督促指导有关方面在川藏铁路、滇中引水等重大工程项目中实施以工代赈。

2022年7月，国务院办公厅转发国家发展改革委《关于在重点工程项目中大力实施以工代赈促进当地群众就业增收工作方案的通知》，进一步将以工代赈方式推广到政府投资的相关重点工程项目。仅2022年，各地通过实施以工代赈项目和在政府投资的重点工程项目中推广以工代赈方式，已带动超过500万名群众实现就地务工，人均增收超过8000元，对农民就业增收产生明显效果，充分发挥了"赈"的实效。

通过一系列探索实践，以工代赈政策实现了从专项扶贫政策向兼具就业促进、基本建设、应急救灾、收入分配、区域发展等功能为一体的综合性帮扶政策的转型升级。

2023年1月10日，国家发展改革委发布了新修订的《国家以工代赈管理办法》（以下简称《管理办法》），于2023年3月1日起施行。《管理办法》明晰了以工代赈政策实施范围、受益对象、建设领域和赈济模式，规定了以工代赈年度计划分解下达要求和专项资金实施范围、建设领域、资金投向及使用要求，强调向参与工程建设的群众发放劳务报酬、开展技能培训等政策目标，新增了政府投资的重点工程项目实施以工代赈和农业农村基础设施建设领域推广以工代赈方式等内容。

《管理办法》中提到的以工代赈项目特指使用以工代赈专项资金实施的基础设施建设工程。这类项目对组织群众务工、发放劳务报酬等工作都有严格的要求。例如，为调动地方政府和项目单位积极性，以工代赈中央预算内投资项目的劳务报酬占中央资金比例由原规定的15%以上提高到30%以上。采取以工代赈方式实施的重点工程项目和中小型农业农村基础设施项目，使用的是各有关部门专项资金，仍由各有关部门按行业规范管理，在这类工程项目中推广以工代赈方式，并不是要把其变成以工代赈项目，也没有对其劳务报酬发放比例作出硬性要求，主要目的是在保证项目原有组织管理方式基本不变，并确保项目质量、进度和效率的前提下，采取以工代赈方式实施部分能够用人工的建设任务和用工环节，从而为当地提供更多工作岗位，吸纳带动更多当地群众就近就业增收。

第四编 农村劳动力就业服务与保障

◉ 国家关于保护农民就业权益的政策措施有哪些？

农民工已成为我国产业工人的主体，是推动国家现代化建设的重要力量，为经济社会发展作出了巨大贡献。党中央、国务院高度重视农民工工作。《国务院关于解决农民工问题的若干意见》印发以来，出台了一系列政策措施，取消不合理收费、消除就业歧视、加强职业培训、保障劳动收入、保障子女教育、提供公共服务等，涉及农民就业权益的方方面面，保障机制不断完善。

党的十八大以来，党中央、国务院从全局出发推动实现更高质量的充分就业，健全覆盖全民、统筹城乡、公平统一、可持续的多层次社会保障体系。国家先后出台改善农民工就业、保障农民工权益、促进农民工城乡融合等新政策。

《国务院关于进一步做好为农民工服务工作的意见》从规范使用农民工的劳动用工管理、保障农民工工资报酬权益、扩大农民工参加城镇社会保险覆盖面、加强农民工安全生产和职业健康保护、畅通农民工维权渠道、加强对农民工的法律援助和法律服务工作6大方面着力维护农民工的劳动保障权益；从逐步推动农民工平等享受城镇基本公共服务、保障农民工随迁子女平等接受教育的权利、加强农民工医疗卫生和计划生育服务工作、逐步改善农民工居住条件、有序推进农民工在城镇落户、保障农民工土地承包经营权、宅基地使用权和集体经济收益分配权6个方面着力推动农民工逐步实现平等享受城镇基本公共服务和在城镇落户；保障农民工依法享有民主政治权利，丰富农民工精神文化生活，加强对农民工的人文关怀，建立健全农村留守儿童、留守妇女和留守老人关爱服务体系4个方面着力促进农民工社会融合。每个方面都明确了负责的政府部门。

人力资源和社会保障部等 5 部门《关于进一步支持农民工就业创业的实施意见》，提出切实维护劳动权益：指导企业依法合规用工，保障农民工合法劳动权益。对企业依法解除、终止农民工劳动合同的，督促企业依法支付劳动报酬和经济补偿。持续深化推进根治欠薪，畅通线上线下维权渠道，依法查处拖欠农民工工资等违法问题，加大劳动争议处理力度，努力做到案结事了。支持有条件地区在农民工就业集中地区建立劳动维权咨询服务点，设立维权信息告示牌，明示劳动维权相关信息，提供免费维权咨询服务。

2023 年的中央一号文件《中共中央国务院关于做好 2023 年全面推进乡村振兴重点工作的实施意见》中明确提出，稳定农民工就业，促进农民工职业技能提升，完善农民工工资支付监测预警机制、维护好超龄农民工就业权益，建设返乡入乡创业园、农村创业孵化实训基地，推广以工代赈，适当提高劳务报酬发放比例 6 大举措保障农民工权益。

在保障农民工工资权益的同时，农民工的社会保险权益也持续得到加强。全国各地认真贯彻落实社会保险法，实施以农民工为重点的"全民参保登记计划"，依法将与用人单位建立稳定劳动关系的农民工纳入城镇职工基本养老保险和基本医疗保险，优化社会保险经办业务流程，做好农民工跨统筹地区、跨险种的社会保险关系转移接续工作，推进农民工依法全面持续参加职工社会保险。

● **什么是"春风行动"？**

"春风行动"由原劳动和社会保障部发起，专门为进城农民工提供就业服务。内容包括为农民工提供就业机会、保障农民工的合法权益以及整顿劳动力中介机构等活动。农民工需要得到特别的尊重和关爱,"春风行动"让众多农民工共沐春风。

从2005年至今,人社部连续19年开展"春风行动",因此也成为就业专项服务活动的品牌之一。各地按照统一部署,在春节前后、农村劳动力外出务工高峰时期,在全国范围内开展"春风行动"。针对农民工节前返乡时间提前的情况,为强化就业服务,一方面要求各地要加强信息搜集和发布工作,在输出地和输入地之间搭建劳务对接平台,引导农民工有序外出。一些输出省份在节前就派出多个工作组到输入地城市了解企业用工信息,为返乡农民工召开专场招聘会,开展送岗下乡活动,让返乡农民工落实工作后再安心过年。另一方面,各地大力开发本地岗位,促进返乡农民工就地就近就业。不少省市结合国家和地方扩大内需、加强基础设施建设的项目,优先安排返乡农民工就业,并积极承接沿海产业转移,引导返乡农民工到当地企业就业。同时,加强对人力资源市场的监督管理,开展清理整顿活动,推荐一批诚信民办职业机构,打击非法职业介绍中介组织,加大力度治理农民工工资被拖欠、克扣等问题,维护农村劳动力求职就业权益。

2018年2月20日至3月底,人社部、国务院扶贫办、全国总工会、全国妇联开始在全国开展"2018年春风行动",活动主题为"促进转移就业,支持返乡创业,助力增收脱贫"。通过开设专场招聘、加强服务、培训、维权等方式,帮助农村劳动力转移就业和返乡下乡创业。

"2019年春风行动"以"促进转移就业,助力脱贫攻坚"为主题,通过开展主题宣传、组织招聘活动、加强就业服务、引导返乡创业、推进就业扶贫、强化权益维护等措施,支持农村劳动力就业创业。

"2020年春风行动"以"春风送真情 就业暖民心"为主题,旨在集中帮助劳动者就业创业,提供就业创业服务,落实就业创业扶持政策,不断增强劳动者的幸福感和获得感。服务对象包括有就业创业意愿的农民工、农村建档立卡贫困劳动力、就业困难人员、零就业家庭成员、残疾登记失业人员。

"2021年春风行动"以"春风送岗位,就业暖民心"为主题,各地按照人社部统一部署,结合各地实际情况,陆续启动专项服务活动,组织招聘活动、加强就业服务、引导创业创新。

2022年人力资源和社会保障部联合工业和信息化部、民政部、交通运输部、国家乡村振兴局、全国总工会、共青团中央、全国妇联,在全国范围内部署开展"2022年春风行动"。此次行动以"春风送温暖 就业送真情"为主题,于1月21日至3月31日期间持续开展,集中为返乡返岗农民工、因疫情滞留的务工人员和脱贫人口、低收入人口等重点帮扶对象,以及有用工需求的各类用人单位提供就业服务,实现"留岗有关怀、就业有帮扶、用工有支持"。

"2023年春风行动暨就业援助月"专项服务活动,预计将为劳动者提供3000万个就业岗位。该活动由人社部会同工业和信息化部、民政部等10部门联合推出,主要是集中为有就业创业意愿的农村劳动者、符合认定条件的就业困难人员以及有用工需求的用人单位提供就业帮扶。

如何解决农民工工资拖欠问题？

党的十八大以来，各级政府部门和有关单位坚持以人民为中心的发展理念，更加注重保护农民工权益，制定出台了全面治理拖欠农民工工资问题的意见，建立健全农民工实名制管理、工资支付专用账户、工资保证金等制度，完善行政执法与刑事司法衔接制度，实行拖欠农民工工资"黑名单"管理制度和联合惩戒机制等有效措施。为了全面治理拖欠农民工工资问题，2016年国务院办公厅印发《关于全面治理拖欠农民工工资问题的意见》，从规范企业工资支付行为、健全工资支付监控和保障制度、推进企业工资支付诚信体系建设、依法处置拖欠工资案件、改进建设领域工程款支付管理和用工方式等五个方面提出十六条具体治理措施。

2014年人社部等发布的《关于加强涉嫌拒不支付劳动报酬犯罪案件查处衔接工作的通知》提出，切实完善劳动保障监察行政执法与刑事司法衔接机制。在办理拒不支付劳动报酬犯罪案件过程中，各级人民法院、人民检察院、人力资源和社会保障部门、公安机关要加强联动配合，建立拒不支付劳动报酬犯罪案件移送的联席会议制度，定期互相通报案件办理情况，进一步完善监察行政执法与刑事司法衔接工作机制。

2017年1月1日起施行的《重大劳动保障违法行为社会公布办法》明确指出，地市级、县级人社行政部门对本辖区发生的重大劳动保障违法行为每季度向社会公布一次。人社部和省级人社行政部门每半年向社会公布一次重大劳动保障违法行为。根据工作需要，对重大劳动保障违法行为可随时公布。加强对重大劳动保障违法行为的惩戒，强化社会舆论监督，促进用人单位遵守劳动保障的法律、法规和规章。

2017年9月份由人社部印发的《拖欠农民工工资"黑名单"管理暂行办法》，明确了列入拖欠工资"黑名单"的情形：一是克扣、无故拖欠农民工工资报酬，数额达到认定拒不支付劳动报酬罪数额标准的；二是因拖欠农民工工资违法行为引发群体性事件、极端事件造成严重不良社会影响的。将劳务违法分包、转包给不具备用工主体资格的组织和个人造成拖欠农民工工资且符合前款规定情形的，应将违法分包、转包单位及不具备用工主体资格的组织和个人一并列入拖欠工资"黑名单"。

《保障农民工工资支付条例》已经2019年12月4日国务院第73次常务会议通过，自2020年5月1日起实施。该行政法规落实用人单位主体责任、细化部门监管责任、实现多方共治，明确以银行转账或者现金形式支付工资，规范工资支付行为，明确了工资清偿责任，实行全程监管。被拖欠工资的农民工有权依法向用工所在地劳动保障监察部门或行业主管部门进行投诉，或者申请劳动争议调解仲裁和提起诉讼。任何单位和个人对拖欠农民工工资的行为，有权向人力资源社会保障行政部门或者其他有关部门举报。

◉ 外出务工要和用人单位签订劳动合同吗？

对进城就业的务工者而言，签订劳动合同是维护自身权益的重要手段。劳动合同是劳动者与用人单位确立劳动关系，明确双方权利和义务的协议，是劳动者与用人单位依据劳动法建立劳动关系的书面法律凭证。劳动合同也是稳定劳动关系、用人单位强化劳动管理、劳动者保障自身权益、双方处理争议的重要依据。如果用人单位没有与务工者签订劳动合同，务工者一定要主动提出签订书面劳动合同；如果用人单位执意不肯签，务工者可以向当地劳动保障行政部门反映情况，寻求帮助。劳动合同包括以下内容：劳动合同期限；工作内容；劳动保护和劳动条件；工作时间、休息休假；劳动报酬；劳动纪律；劳动合同终止的条件；违反劳动合同的责任；双方认为应当协商约定的其他内容。

2020年5月1日起施行的《保障农民工工资支付条例》第二十八条规定：施工总承包单位或者分包单位应当依法与所招用的农民工订立劳动合同并进行用工实名登记，具备条件的行业应当通过相应的管理服务信息平台进行用工实名登记、管理。未与施工总承包单位或者分包单位订立劳动合同并进行用工实名登记的人员，不得进入项目现场施工。规范性文件层面，《建筑工人实名制管理办法（试行）》第八条、第十一条、第十二条、第十四条均明确要求建筑企业应与农民工签订劳动合同。实际操作层面，基层劳动监察部门更是把是否签订书面劳动合同作为检查的重点。

为了进一步促进就业，保障建筑工人合法权益，2022年8月，住建部和人社部联合发文，修改《建筑工人实名制管理办法（试行）》部分条款。实名制重点由"农民工"转变为"建筑工人"，"全面实行建筑业农民工实名制管理制度"改成"全面实行建筑工人实名制管理制度"。删除"坚持建筑企业与农民工先签订劳动合同后进场施工"，保留"建筑企业应与招用的建筑工人依法签订劳动合同"，增加"对不符合建立劳动关系情形的，应依法订立用工书面协议"。"劳动合同"统一修改为"劳动合同或用工书面协议"。

● 新就业形态劳动者和平台之间是什么关系？

《关于维护新就业形态劳动者劳动保障权益的指导意见》规定：符合确立劳动关系情形的，企业应当依法与劳动者订立劳动合同。不完全符合确立劳动关系情形但企业对劳动者进行劳动管理的，企业应与劳动者订立书面协议，合理确定企业与劳动者的权利义务。个人依托平台自主开展经营活动、从事自由职业等，按照民事法律调整双方的权利义务。

平台企业采取劳务派遣等合作用工方式组织劳动者完成平台工作的，应选择具备合法经营资质的企业，并对其保障劳动者权益情况进行监督。平台企业采用劳务派遣方式用工的，依法履行劳务派遣用工单位责任。对采取外包等其他合作用工方式，劳动者权益受到损害的，平台企业依法承担相应责任。

新就业形态劳动者应纳入最低工资制度保障范围，企业要按时足额支付劳动报酬，并通过推动行业明确劳动定员定额标准，科学确定劳动者的工作量和劳动强度，合理确定休息办法。

企业应依法为"平台单位就业员工"参加社会保险，引导和支持"平台网约劳动者"和"平台个人灵活就业人员"根据自身实际参加相应的社会保险。企业应为"平台单位就业员工"参加工伤保险，对在两个及以上企业同时就业的，涉及企业应当分别为其缴纳工伤保险费，发生工伤的企业依法承担工伤保险责任。

● 如何维护新就业形态劳动者劳动保障权益？

随着新技术新业态新模式的迅猛发展，劳动者就业方式发生了翻天覆地的变化，新就业形态劳动者数量大幅增加。数字经济时代，新就业形态大多依托平台经济。平台用工形势的新颖性和多样性，导致新就业形态下的从业人员权益保障问题突出。目前，多方正合力推动这一群体的劳动权益保障向着积极方向发展，针对该类劳动者的权益保障规范和制度正在不断完善。国家层面出台了多个指导性意见，聚焦解决新就业形态劳动者最关心最直接最现实的急难愁盼问题，推动建立健全新就业形态劳动者权益保障机制，不断增强新就业形态劳动者的获得感、幸福感、安全感。

国家层面第一个系统维护新就业形态劳动者劳动保障权益的政策文件于2021年7月出台。人社部、国家发改委等8部门共同印发《关于维护新就业形态劳动者劳动保障权益的指导意见》（以下简称《指导意见》），从规范用工、公平就业、支付报酬、合理休息、劳动安全、社会保险制度、强化职业伤害保障、完善劳动者诉求表达机制等多方面，补齐劳动者权益保障的制度短板，还将所有新就业形态劳动者纳入劳动保障基本公共服务范围，创新优化劳动者权益保障服务。《指导意见》首次提出"不完全劳动关系"这一概念，创设了"不完全符合确立劳动关系情形但企业对劳动者进行劳动管理的情形"，是在传统的劳动关系"劳动二分法"基础上的创新，进一步明确了责任主体，完善了"不完全劳动关系"从业人员的权益保障。

2021年国家市场监管总局等7部门联合印发《关于落实网络餐饮平台责任切实维护外卖送餐员权益的指导意见》，从收入分配、绩效考核、劳动安全、社会保险、从业环境等10方面，对保障外卖送餐员正当权益提出全方位要求。比如保障劳动收入方面，要求平台建立与工作任务、劳动强度相匹配的收入分配机制。在绩效考核方面，不得将"最严算法"作为考核要求，应通过"算法取中"等方式，合理确定订单数量、准时率、在线率等考核要素，适当放宽配送时限。

交通运输部等 7 部门联合印发《关于做好快递员群体合法权益保障工作的意见》，提出了利益分配、劳动报酬、社会保险、作业环境、企业主责、规范管理、网络稳定、职业发展等八项任务措施，初步明确了做好快递员权益保障工作的路径。为保障快递员能够获得合理的工资收入，从邮政管理部门的职能出发，国家邮政局的《关于做好快递员权益保障工作的具体部署》提出了制定派费核算指引、制定劳动定额、纠治差异化派费、遏制"以罚代管"等四个方面的举措，并指导中国快递协会在部分城市开展了末端派费核算试点。

中华全国总工会印发《中华全国总工会关于切实维护新就业形态劳动者劳动保障权益的意见》，就维护新就业形态劳动者劳动保障权益工作作出安排部署。全国总工会于 2021 年启动了"新就业形态劳动者入会集中行动"，各级工会积极响应，持续推进工会机制创新、组织创新、方式创新，大力推行以平台头部企业为重点、强化行业工会联合会建设、做实"小三级"工会的"重点建、行业建、兜底建"模式，努力把新就业形态劳动者吸引过来、组织起来、稳固下来。全总和各级工会积极推进新就业形态劳动者权益协商协调机制建设，发挥集体协商制度作用，从"点上探索"向"面上推开"转变，在全国范围内实现头部平台企业协商协调机制多点突破、行业集体协商广泛开展，为新就业形态劳动者权益"谈"出保障。

2022 年 4 月 27 日，最高人民检察院对平台经济发展过程中出现的外卖骑手等灵活就业和新就业形态劳动者权益保障突出问题立案并成立专案组。在最高人民检察院的指导下,辽宁、江苏、天津、广东、浙江、上海、北京等地分别开展专案办理工作。2022 年 12 月 27 日,最高人民法院出台《关于为稳定就业提供司法服务和保障的意见》,提出要加强新就业形态劳动者合法权益保障。

这些政策的出台和措施的实践,既有助于维护好新就业形态劳动者的劳动保障权益,也有利于促进灵活就业、增加就业岗位和劳动收入。

● 地方在维护新就业形态劳动者权益方面有哪些举措?

劳动关系认定难、社会保障欠缺、生存状态较差、组织程度偏低、权利救济困难……针对新就业形态劳动者权益保障不足的问题,各省各地在国家政策的框架下,细化举措,创新方法,探索建立适应新就业形态劳动者劳动权益维护工作机制和管理制度。

广东省出台《广东省灵活就业人员参加企业职工基本养老保险办法》,全面取消了灵活就业人员户籍参保门槛。取消外省籍和本省跨市流动的灵活就业人员在就业地参加企业养老保险的参保年限等限制条件,为异地户籍灵活就业人员大开参保方便之门。

深圳市总工会 2021 年 7 月发布《深圳市新就业形态劳动者工会工作改革方案》,提出 30 条具体举措。接着,又相继设计了"E 路守护"和"一体两翼"帮扶保障体系,以团体投保方式向快递小哥、外卖骑手和网约车司机会员赠送一年保障期的意外险互助保障计划;"一体"是指工会生活救助、大病帮扶、子女助学等常态化帮扶工作;"两翼"是指工会通过充分发挥市职工保障互助会和市职工解困济难基金会的作用,为职工提供分级分类分层的"五重"帮扶保障服务。

江苏无锡将在阿里、到家和顺丰平台企业试点开展新就业形态技能提升培训。值得一提的是，这一试点工作突破了现有补贴政策要求企业与劳动者"签合同、缴保险"的传统模式，将与试点企业未建立劳动关系但通过企业平台提供服务并获取劳动报酬的重点群体人员也纳入培训范围，并按规定给予企业培训补贴。

浙江省杭州市出台的《杭州市网络餐饮外卖配送监督管理办法》（下称《办法》）正式实施。《办法》以 1/3 的篇幅规定了外卖配送员在签约、培训、保险、报酬、补偿、查询、重大事项知情权、防疲劳、算法规制、申诉、关怀基金等方面的各项权益，引起社会关注。

2023 年 4 月 21 日，浙江省温州市推进新时代产业工人队伍建设改革工作协调小组办公室发布《温州市关心关爱新就业形态劳动者十大举措》，围绕加强组织建设、注重礼遇激励、规范劳动用工、优化发展环境、增强职业保障、增加住房供给、提供入学保障、解决生活难题、强化维权服务、打造服务阵地等十个方面，解决新就业形态劳动者的"急难愁盼"问题。温州市将面向新就业形态劳动者定期发放专享消费券，同时推动新就业形态劳动者学历提升，鼓励支持新就业形态劳动者申报"瓯越英才计划"，参评专业技术职称，做好相应服务待遇保障。促进新就业形态劳动者免费健康体检应享尽享。实施"一地参保纳税、全域优惠共享"政策，整体推进在温州市本级缴纳税收、参加保险的，确保其在各县（市、区）享受同等的税收优惠政策，享受相关的积分制赋分。

辽宁省出台多项举措保障新就业形态劳动者权益。2023 年辽宁省将实施新就业形态劳动者权益保障"5566"工程，开展 5 项专项行动，完善 5 项权益保障机制，优化 6 项权益保障服务，实施 6 项推进落实举措。将新就业形态劳动者纳入公共就业服务范围，在人力资源市场设立服务专窗，助力稳定就业。推动在新就业形态劳动者集中居住区、商业区建立"暖心服务驿站"，打造集"日常休息、政策宣传、维权知识、心理咨询"等一体化服务模式。将服务驿站列入人社系统行风建设电子地图，方便新就业形态劳动者指尖查询。

◉ 如何维护好超龄农民工就业权益？

国家统计局发布的《2021 年农民工监测调查报告》显示，2021 年全国农民工总量为 29251 万人，比上年增加 691 万人。从年龄上看，50 岁以上农民工所占比重为 27.3%，比上年提高 0.9 个百分点，这意味着未来十年间将有近 8000 万农民工面临超龄问题。

2019 年起，全国多地发布建筑业"清退令"，60 周岁以上男性、50 周岁以上女性以及 18 周岁以下人士禁止进入施工现场从事建筑施工作业。"清退令"的初衷是保护超龄农民工的生命安全。超龄农民工在建筑工地这类高危工作环境下，可能因为反应不灵活、体力不支等原因而出现安全事故。但现实是，新规也造成第一代农民的就业困境。很多老一代农民工身体条件挺好，技术也熟练，干劲也足，他们不愿意放弃就业机会，仍然活跃在繁忙的工厂生产线和建筑工地。

国家统计局常州调查队对 144 名 50 岁以上的农民工开展了调研。调查显示，84.7% 的被调查农民工处于就业状态，其中工作状态属于"打零工、没有固定单位或雇主等灵活就业方式"的占 40.3%。在 122 名从业农民工中，从事建筑业的人数最多，占 21.5%，农、林、牧、渔业占 14.6%，制造业和居民服务业均为 12.5%。

对于一些超龄农民工来说，他们希望有更多就业机会，实现"老有所为"。上述国家统计局常州调查队的调查显示，38.2%的被调查农民工希望能够少些就业年龄限制，不搞"一刀切"；11.8%的被调查农民工希望政府能开展技能培训，增加就业机会。

人社部等5部门联合印发《关于进一步支持农民工就业创业的实施意见》，指导企业根据农民工身体状况合理安排工作岗位，强化安全生产管理，定期开展职业健康体检，不得以年龄为由"一刀切"清退。大龄农民工有就业需求的，可以到公共就业服务机构进行求职登记，享受免费公共就业服务。2023年的中央一号文件也明确提出要"维护好超龄农民工就业权益"。

一些地方实行柔性用工管理，分岗位确定用工年龄，加强零工市场建设。例如，河北邢台开创"零工超市"，在家政服务、搬家货运、保姆月嫂等临时性、季节性用工需求大的行业，发动企业、个体户入驻，实时发布岗位、薪资等用工需求；山西太原打造"零工之家"，方便外来务工人员、灵活务工人员揽活计，并以家政、建材市场等零工密集型企业为依托，提供就业对接服务；河南新乡开通"就业鹊桥直播间"，设立零工市场专区，打通用人单位和求职者之间的信息壁垒，在就业服务领域实现"数据多跑腿，群众少跑路"。

⦿ 农民工与用人单位发生劳动争议可以通过什么途径化解纠纷？

劳动争议是指劳动关系当事人之间因实现劳动权利和履行劳动义务而发生的劳动纠纷。它有如下特征：一是发生在劳动关系双方当事人之间，一方是用人单位，包括企业、机关、事业单位、团体、个体工商户等，另一方是该用人单位的职工。二是争议的内容是特定的，必须是实现劳动权利和义务方面的问题，如因开除、除名、辞退职工和职工辞职、自动离职及履行劳动合同发生的争议。

劳动者与用人单位发生争议后，可通过下列程序解决：

（1）双方自行协商解决。

（2）调解解决。不愿协商、协商不成或者达成和解协议后不履行的，当事人可以到企业劳动争议调解委员会、依法设立的基层人民调解组织，或者在乡镇、街道设立的具有劳动争议调解职能的组织申请调解。

（3）仲裁解决。不愿调解、调解不成或者达成调解协议后不履行的，可以向劳动争议仲裁委员会申请仲裁。

（4）诉讼解决。当事人对仲裁裁决不服的，可以自收到仲裁书之日起15日内，向当地的基层人民法院提起诉讼。对基层人民法院的一审判决不服，还可以向当地的中级人民法院提出上诉。上诉的判决结果为终审判决，即时发生法律效力。

当事人到仲裁院申请劳动人事争议仲裁后，如果有驻院的法律援助工作站，可以直接到工作站申请法律援助；咨询的事项不属于法律援助范围或不属于法律问题的，工作站也会提出法律建议或告知应咨询的部门、渠道。如果该仲裁院尚未设立法律援助工作站，工作人员将通过引导当事人拨打"12348"公共法律服务热线、登录法律服务网和告知法律援助机构办公地址、申请材料和工作流程等信息的方式向当事人提供帮助。

劳动争议仲裁机构建立了方便农民工劳动争议申诉的"绿色通

道",采取简易程序快速处理,对小额劳动报酬争议案件实行终局裁决、先予执行。人力资源和社会保障部门在60个城市试点劳动保障监察网格化、网络化管理,推动建立覆盖城乡的劳动用工管控网,严厉打击非法用工。司法部门进一步畅通农民工法律服务渠道,创新服务方式,加强异地协作,扩大农民工法律援助覆盖面。农业农村部门进一步健全土地承包经营纠纷调解仲裁体系,依法维护农民工土地承包权益,使农民工土地承包经营权有序流转。安全生产监管部门持续开展专项整治,保障农民工安全生产和职业健康权益。

⦿ 农民工如何参加社会保险?

各级政府大力推进公共卫生服务均等化,各地农民工都能获得居民健康档案管理、艾滋病"四免一关怀"、结核病免费治疗、儿童免疫规划疫苗免费接种、妇幼保健和孕产妇住院分娩等服务。

自2008年1月1日起实施的《就业服务与就业管理规定》规定,农村进城务工人员在常住地稳定就业满6个月的,失业后可以在常住地登记。登记失业后的农民工可享受城镇登记失业人员的相关就业扶持政策。

2010年国家颁布的社会保险法明确规定,进城务工的农村居民依照本法规定参加社会保险。《中华人民共和国社会保险法》由十一届全国人民代表大会常务委员会第十七次会议于2010年10月28日通过,自2011年7月1日起施行。标志着我国向社会保险法治化、规范化建设迈出关键步伐。

每个人都有申请社保的权利。农民工申请社保有两种方式,一是通过单位组织统一向社保中心申请社保办理,缴费基数按基本养老保险有关规定确定。单位缴费比例为 12%；农民工个人缴费比例为 4% 至 8%，由所在单位从本人工资中代扣代缴，并全部计入其本人基本养老保险个人账户（以下简称个人账户）。二是农民工个人到社保单位申请社保，需要携带个人的户口本和身份证到户口所在地社保中心进行申请，这种申请方式是由社会自由人的形式申请，需要自己缴纳全部社保费用。

进城务工的农民仍然是农村居民，如果户籍所在地已经开展了新农保试点，农民工就可以在老家参加新农保。由于现行城镇职工基本养老保险政策已经将农民工纳入覆盖范围，一些农民工所在的用人单位已为其缴纳了基本养老保险费，这样就会出现农民工既参加新农保，又参加"城保"的双重参保情况。根据相关政策规定，农民工双重参保，双重权益都有保障。农民参加城镇职工基本养老保险，缴费满 15 年的，达到法定退休年龄后，就可以按月领取基本养老金。如果缴费不满 15 年的，原来缴费仍然有效，达到退休年龄后，可以一次性领取个人账户养老金；也可以将"城保"缴费转入新农保个人账户，按新农保规定按月领取基本养老金。

● 国家对农民工参加工伤保险是怎么规定的？

为维护建筑业职工特别是农民工的工伤保障权益，国家先后出台了一系列法律法规和政策，各地区、各有关部门积极采取措施，加强建筑施工安全生产制度建设和监督检查，大力推进建筑施工企业依法参加工伤保险，使建筑业职工工伤权益保障工作不断得到加强。据国家统计局发布的 2022 年国民经济和社会发展统计公报，参加工伤保险的农民工达 9127 万人，比上年增加 41 万人。

2014年人力资源和社会保障部、住房城乡建设部、安全监管总局、全国总工会4部门发布《关于进一步做好建筑业工伤保险工作的意见》，依据社会保险法、建筑法、安全生产法、职业病防治法和《工伤保险条例》等法律法规规定，就进一步做好建筑业工伤保险工作，切实维护建筑业职工工伤保障权益提出大力扩展建筑企业工伤参保覆盖面：针对建筑行业的特点，建筑施工企业对相对固定的职工，应按用人单位参加工伤保险；对不能按用人单位参保、建筑项目使用的建筑业职工特别是农民工，按项目参加工伤保险。房屋建筑和市政基础设施工程实行以建设项目为单位参加工伤保险的，可在各项社会保险中优先办理参加工伤保险手续。建设单位在办理施工许可手续时，应当提交建设项目工伤保险参保证明，作为保证工程安全施工的具体措施之一；安全施工措施未落实的项目，各地住房城乡建设主管部门不予核发施工许可证。

确保保险工伤费用来源。建设单位要在工程概算中将工伤保险费用单独列支，作为不可竞争费，不参与竞标，并在项目开工前由施工总承包单位一次性代缴本项目工伤保险费，覆盖项目使用的所有职工，包括专业承包单位、劳务分包单位使用的农民工。

交通运输、铁路、水利等相关行业职工工伤权益保障工作可参照《关于进一步做好建筑业工伤保险工作的意见》执行。

◉ 如何有序推进农业转移人口市民化？

党的十八大报告指出，要"加快改革户籍制度，有序推进农业转移人口市民化"，这是积极稳妥推进城镇化，不断提高城镇化质量的重大战略举措。推进农民工市民化从两个方面同步推进。一是深化户籍制度改革，解决落户问题，确保落户后和市民同城同待遇。二是推进居住证制度改革，未落户群体，依托居住证制度享受相应的基本公共服务。围绕推进以人为核心的新型城镇化，逐步深化户籍制度改革，有序推进农业转移人口市民化，努力实现城镇基本公共服务常住人口全覆盖，促进农业转移人口融入城镇。

推进户籍制度改革，实行不同规模城市差别化落户政策。推动超大、特大城市调整完善积分落户政策，探索推动在长三角、珠三角等城市群率先实现户籍准入年限同城化累计互认。放开放宽除个别超大城市外的城市落户限制，中共中央办公厅、国务院办公厅印发《关于促进劳动力和人才社会性流动体制机制改革的意见》提出以户籍制度和公共服务牵引区域流动。全面取消城区常住人口300万人以下的城市落户限制，全面放宽城区常住人口300万人至500万人的大城市落户条件。完善城区常住人口500万人以上的超大特大城市积分落户政策，精简积分项目，确保社会保险缴纳年限和居住年限分数占主要比例。

实行居住证制度，推动公共资源按常住人口规模配置。推进基本公共服务均等化，常住人口享有与户籍人口同等的教育、就业创业、社会保险、医疗卫生、住房保障等基本公共服务。稳妥有序探索推进门诊费用异地直接结算，提升就医费用报销便利程度。制定出台"人地钱"挂钩机制配套政策，全面落实支持农业转移人口市民化的财政政策，推动城镇建设用地增加规模与吸纳农业转移人口落户数量挂钩，推动中央预算内投资安排向吸纳农业转移人口落户数量较多的城镇倾斜。

为推进县域农民工市民化，推进以县城为重要载体的城镇化建设，2023年1月人力资源和社会保障部等9部门关于开展县域农民工市民化质量提升行动，以提升县域农民工市民化质量为重点，落实落细农民工市民化的五大重点任务。一是多措并举稳定和扩大县域就业岗位，提高县域农民工就业稳定性。二是大规模开展农民工职业技能培训，持续提升技能素质和稳定就业能力。三是强化劳动权益保障。加强灵活就业和新就业形态劳动者权益保障。四是落实国家基本公共服务标准，推动县域基本公共服务项目达标。五是县级普遍建立农民工工作议事协调机构工作机制。支持有条件的地区设立农民工综合服务中心或者在县、乡（镇）、村（社区）的政务服务平台设置农民工综合服务窗口，为农民工提供"一站式"便利服务。

2022年末，全国常住人口城镇化率为65.22%，提前实现了"十四五"规划提出的"常住人口城镇化率提高到65%"的目标。10年间1.4亿农村人口落户城镇。目前，全国绝大多数城市已经实行了居住证制度。户籍制度改革以居住证为载体，完善流动人口公共服务供给，逐步缩小户籍人口与流动人口间的公共服务差距，真正实现居住地基本公共服务的均衡化和普惠化。

● 如何保障农民工随迁子女平等接受教育的权利？

农民工子女上学问题，是我国普及义务教育面临的一个新课题。为解决这些孩子的义务教育问题，国务院明确提出了"两为主"原则，即以流入地政府为主，负责农民工子女义务教育；以全日制中小学为主，接受农民工子女入学。一些地方政府也采取相应措施，多渠道解决农民工子女上学问题，但在不少地方"两为主"并没有得到很好的落实。《国务院关于解决农民工问题的若干意见》(以下简称《意见》)强调,输入地政府要承担起农民工同住子女义务教育的责任,将农民工子女义务教育纳入当地教育发展规划,列入教育经费预算,以全日制公办中小学为主接受农民工子女入学。同时要求城市公办学校对农民工子女接受义务教育,要与当地学生在收费、管理等方面同等对待,不得违反国家规定向其加收借读费及其他任何费用。《意见》还要求,输出地政府要解决好农民工在农村子女的教育问题。

农民工子女进城上学难的问题主要包括:一是输入地教育资源不足,教育资源的扩建赶不上入学需求的增长;二是存在信息不对称问题,农民工对相关政策和报名程序不了解;三是申请手续复杂,需要的证明材料较多,门槛较高,阻碍了部分随迁子女入学;四是"择校费""赞助费"等隐形费用较高,让农民工父母望而生畏;五是可接受学校和农民工工作居住地不匹配,增加了接送困难。

2021年11月2日,教育部官网公布了《对十三届全国人大四次会议第8368号建议的答复》,对"关于让外来务工者随迁子女都能公平享受九年义务教育的建议"进行了答复。教育部在答复中表示,教育部要求,从2021年起,各地均不得要求家长提供计划生育、超龄入学、户籍地无人监护等证明材料,精简不必要的证明材料,鼓励有条件的地方仅凭居住证入学。教育部表示,下一步将督促各地继续严格落实好"两为主、两纳入"要求,以及以居住证为主要依据的随迁子女招生入学政策,特别是在督促指导各地简化入学流程,杜绝不必要的证明材料方面再加大力度。督促随迁子女集中流入地区和省份适应未来几年学龄人口增长趋势,积极扩大教育资源供给,提供足够的学位保障。推进民办义务教育比例较高的地区加快义务教育学校结构调整，提高随迁子女在公办学校就读比例。

另外，国家还加强了对民办农民工子弟学校的扶持和管理，教育部门要将农民工自己或者是其他有关方面出资建立和专门用于接受农民工子女入学的学校纳入到民办教育管理的范畴，在办学场所、办学经费、师资培训等方面给予支持和指导，对其中做得非常好的学校要给予表彰、扶持。对于达不到国家办学条件，没有按照有关规定来办学的学校，要予以取消。当然，对已经在这些不合格的学校入学的学生，要给予合理、妥善的安排。

● 进城农民土地承包经营权和宅基地使用权如何保障？

农民进城落了户，土地权益受保护。

新修订的《中华人民共和国农村土地承包法》规定：承包期内，发包方不得收回承包地。

1. 国家保护进城农民土地承包经营权。

2. 不得以退出土地承包经营权作为农户进城落户的条件。

3. 承包期内，承包农户进城落户的，引导支持其按照自愿有偿原则依法在本集体经济组织内转让土地承包经营权或者将承包地交回发包方，也可以鼓励其流转土地经营权。

农民的宅基地使用权可以依法由城镇户籍的子女继承并办理不动产登记。

针对农村宅基地使用权登记问题，自然资源部经商住房和城乡建设部、民政部、国家保密局、最高人民法院、农业农村部、国家税务总局共同研究并给出答复：农民的宅基地使用权可以依法由城镇户籍的子女继承并办理不动产登记。

2020年9月，自然资源部对十三届全国人大三次会议第3226号建议的答复中，第六条关于农村宅基地使用权登记问题。农民的宅基地使用权可以依法由城镇户籍的子女继承并办理不动产登记。根据《继承法》规定，被继承人的房屋作为其遗产由继承人继承，按照房地一体原则，继承人继承取得房屋所有权和宅基地使用权，农村宅基地不能被单独继承。《不动产登记操作规范（试行）》明确规定，非本农村集体经济组织成员（含城镇居民），因继承房屋占用宅基地的，可按相关规定办理确权登记，在不动产登记簿及证书附记栏注记"该权利人为本农民集体经济组织原成员住宅的合法继承人"。

需要注意的是，城镇户籍子女继承宅基地使用权的前提是"地上有房"。《民法典》第三百六十二条规定："宅基地使用权人依法对集体所有的土地享有占有和使用的权利，有权依法利用该土地建造住宅及其附属设施。"第三百六十三条规定："宅基地使用权的取得、行使和转让，适用土地管理的法律和国家有关规定。"《中华人民共和国土地管理法》第二条规定："中华人民共和国实行土地的社会主义公有制，即全民所有制和劳动群众集体所有制。任何单位和个人不得侵占、买卖或者以其他形式非法转让土地。土地使用权可以依法转让。"第十一条规定："农民集体所有的土地依法属于村农民集体所有的，由村集体经济组织或者村民委员会经营、管理。"由此可见，根据我国的土地管理制度，农村宅基地是不能被单独继承的，继承人继承取得地上房屋所有权和宅基地使用权。

富裕

第五编 农业经营增效增收

◉ 促进农业经营增效农民增收有哪些着力点？

农业经营提质增效，可以有效解决价格"天花板"、成本"地板"、资源环境约束问题，有利于提高农业竞争力，有利于发展现代农业，有利于调动农民种粮积极性，为农民增收注入新动力。2023年中央一号文件强调促进农业经营增效。

着力稳产增产优产，促进农业经营增效。健全农民种粮收益保障机制，让农民种粮有利可图。完善价格形成机制，发挥市场作用，做好农业支持与保护工作。加大产粮大县奖励力度，创新粮食产销区合作机制。从科技、装备、设施、服务、加工和流通等多方面入手，全面促进农业生产节本增效。推进"一村一品"、名优"土特产""三品一标"建设，发展优质农产品。开展农业品种培优、品质提升、品牌打造和标准化生产提升行动，推进食用农产品承诺达标合格证制度，完善全产业链质量安全追溯体系。

着力提升新型农业经营主体，促进农业经营增效。抓好农民合作社和家庭农场两类农业经营主体发展，赋予双层经营体制新的内涵，不断提高农业经营效率。深入开展新型农业经营主体提升行动，支持家庭农场组建农民合作社、合作社根据发展需要办企业，带动小农户合作经营、共同增收。

着力提升社会化服务水平，促进农业经营增效。实施农业社会化服务促进行动，大力发展代耕代种、代管代收、全程托管等社会化服务，鼓励区域性综合服务平台建设，促进农业节本增效、提质增效、营销增效。

着力深化改革，促进农业经营增效。引导土地经营权有序流转，发展农业适度规模经营。总结地方"小田并大田"等经验，探索在农民自愿前提下，结合农田建设、土地整治逐步解决细碎化问题。完善社会资本投资农业农村指引，加强资本下乡引入、使用、退出的全过程监管。健全社会资本通过流转取得土地经营权的资格审查、项目审核和风险防范制度，切实保障农民利益。坚持为农服务和政事分开、社企分开，持续深化供销合作社综合改革。

● 稳定家庭承包经营的核心是什么？

家庭联产承包责任制是20世纪80年代初期在我国农村推行的一项重要的改革，是农村土地制度的重要转折，也是现行农村的一项基本经济制度。1980年9月，中共中央印发《关于进一步加强和完善农业生产责任制的几个问题的通知》，充分肯定了各种形式的生产责任制，并着重讨论了包产到户问题，指出：对于包产到户应区分不同地区、不同社队采取不同的方针，在那些边远山区和贫困落后的地区，长期吃粮靠返销、生产靠贷款、生活靠救济的生产队，群众对集体丧失信心，因而要求包产到户的，应当支持群众的要求，可以包产到户，也可以包干到户，并在一个较长的时间内保持稳定。1991年11月，《中共中央关于进一步加强农业和农村工作的决定》中明确要求：把家庭联产承包为主的责任制和统分结合的双层经营体制，作为乡村集体经济组织的一项基本制度长期稳定下来。在1998年10月，《中共中央关于农业和农村工作若干重大问题的决定》中要求：坚定不移地贯彻土地承包期再延长30年的政策，同时要抓紧制定确保农村土地承包关系长期稳定的法律法规，赋予农民长期而有保障的土地使用权；对于违背政策缩短土地承包期、收回承包地、多留机动地、提高承包费等错误做法，必须坚决纠正；少数有条件的地方，可以发展多种形式的土地适度规模经营。这个文件的出台，意味着今后对土地承包关系的管理将逐步步入法治轨道。

进入21世纪以来，国民经济社会和农业农村形势出现新的情况和问题，党的十七届三中全会通过的《中共中央关于推进农村改革发展若干重大问题的决定》中要求：稳定和完善农村基本经营制度。以家庭承包经营为基础、统分结合的双层经营体制，是适应社会主义市场经济体制、符合农业生产特点的农村基本经营制度，是党的农村政策的基石，必须毫不动摇地坚持。赋予农民更加充分而有保障的土地承包经营权，现有土地承包关系要保持稳定并长久不变。

稳定家庭承包经营，核心是稳定和完善土地承包关系。土地是农业最基本的生产资料，也是农民最可靠的社会保障。长期稳定农村土地承包关系，既是发展农业生产力的客观要求，也是稳定农村社会的一项带有根本性的措施。《中华人民共和国农村土地承包法》规定：耕地的承包期为30年。草地的承包期为30年至50年。林地的承包期为30年至70年；特殊林木的林地承包期，经国务院林业行政主管部门批准可以延长。党的十九大报告中提出，农村第二轮土地承包到期后，将再延长30年，让农民吃上长效"定心丸"。

◉ 什么是双层经营体制？

双层经营体制是以家庭承包经营为基础，把集体经济单纯的统一经营改变为统分结合双层经营的责任制形式。双层经营包含了两个经营层次：一是家庭分散经营层次；二是集体统一经营层次。这种集体经营体制，不仅保持了土地等生产资料的所有权，而且还具有生产服务、协调管理、资源开发、兴办企业、资产积累等统一经营职能；农户对集体是承包关系，家庭承包经营是集体经济内部的一个层次，是集体经济的组成部分。

《中华人民共和国乡村振兴促进法》第五条规定：国家巩固和完善以家庭承包经营为基础、统分结合的双层经营体制，发展壮大农村集体所有制经济。长期稳定和不断完善以家庭承包经营为基础、统分结合的双层经营体制，是党在农村的基本政策。深化农村改革，必须长期稳定以家庭承包经营为基础的双层经营体制，任何时候都不能动摇。

2019年中央一号文件明确提出，坚持家庭经营基础性地位，赋予双层经营体制新的内涵。突出抓好家庭农场和农民合作社两类新型农业经营主体，启动家庭农场培育计划，开展农民合作社规范提升行动，深入推进示范合作社建设，建立健全支持家庭农场、农民合作社发展的政策体系和管理制度。落实扶持小农户和现代农业发展有机衔接的政策，完善"农户＋合作社""农户＋公司"利益联结机制。加快培育各类社会化服务组织，为一家一户提供全程社会化服务。加快出台完善草原承包经营制度的意见。加快推进农业水价综合改革，健全节水激励机制。继续深化供销合作社综合改革，制定供销合作社条例。深化集体林权制度和国有林区林场改革。大力推进农垦垦区集团化、农场企业化改革。

● **我国粮食主产区有哪些省份（区、市）？**

中国实行粮食流通体制改革，依据各省份粮食生产和消费的总体特征，综合考虑资源禀赋的差异和粮食生产的历史传统等，将31个省（区、市）划分为粮食主产区、主销区和产销平衡区。全国共有 13 个粮食主产区、7 个主销区和 11 个产销平衡区。粮食主产区包括辽宁、河北、山东、吉林、内蒙古、江西、湖南、四川、河南、湖北、江苏、安徽、黑龙江等 13 个省（自治区）。粮食主产区的地理、土壤、气候等自然条件适宜种植粮食作物，保证自给的同时还能大量调出商品粮。主销区包括北京、天津、上海、浙江、福建、广东和海南 7 个省（直辖市）。主销区经济相对发达，但人多地少，粮食产量和需求缺口较大。产销平衡区包括山西、宁夏、青海、甘肃、西藏、云南、贵州、重庆、广西、陕西和新疆 11 个省（自治区、直辖市），对全国粮食产量贡献有限，但基本能保持自给自足。2022 年中央一号文件提出主产区、主销区、产销平衡区都要保面积、保产量，不断提高主产区粮食综合生产能力，切实稳定和提高主销区粮食自给率，确保产销平衡区粮食基本自给。

从 2022 年统计数据看，13 个粮食主产区粮食产量占全国总产量的 78.25%，约 87% 的全国增产粮食来自这 13 个粮食主产区。

其中，黑龙江是我国粮食产量最大的省份。数据显示，2021 年黑龙江粮食产量为 7867.7 万吨，占国总量的 11.5%。而黑龙江 2021 年的总人口只有 3125 万人，人均粮食产量超过 2.5 吨，而我国 2021 年人均粮食占有量为 483 公斤，这意味着，黑龙江生产的绝大部分粮食，是以商品粮的形式供给其他省份。

河南作为农业大省，名副其实的"中原粮仓"，用占全国 6.2% 的耕地，生产了中国 10% 的粮食，粮食总产量连续四年突破 6500 万吨。小麦种植面积全国第一，产量占全国 1/4。不仅养活第一农业人口大省，而且每年外调出原粮及制成品 600 多亿斤。

山东 2021 年粮食产量首破 1100 亿斤大关，是全国 5 个增产 10

亿斤以上的省份之一，居全国第三位。不仅是粮食生产、储备、流通和加工转化大省，每年可向社会提供商品粮800亿斤以上，且山东粮食品质优、产品好、品牌响，粮食产业经济工作总产值居全国第一。

粮食主产区粮食生产是保证我国谷物基本自给和口粮绝对安全的关键。根据相关专家调研分析，当前粮食主产区面临五大挑战：

1. 粮食生产能力接近极限，面临较大的增产压力。

在现有的农业资源条件下（包括：单产水平、播种面积以及劳动人口结构等），全国多处粮食主产区已经接近产量的极限，如何实现进一步增产，面临严峻考验。

2. 粮食主产区与主销区利益分配失衡，区域经济差距不断扩大。

随着土地、劳动力、农资等价格的不断上涨，粮食主产区则陷入"粮食大省、经济弱省、财政穷省"的怪圈，粮食生产越多，经济越落后。"粮食生产与利益分配"倒挂的状况长期得不到改善，势必会影响粮食主产区"政府抓粮"与"农民种粮"的积极性。

3. 粮食主产区基础设施仍然薄弱，制约了现代农业的发展。

水利等基础设施薄弱，已成为制约粮食主产区现代农业发展的主要"瓶颈"。黑龙江省普遍缺乏江河大型控制性工程，有效灌溉农田面积不到全国平均水平的一半。

4. 粮食主产区农业金融保险供给不足，不能满足新型经营主体的需要。

家庭农场、农民合作社、产业化龙头企业是当前粮食主产区最重要的农业生产载体。相比普通的农户，新型经营主体面临更大的生产投入和市场风险，对于资金和保险需求也更强烈。粮食主产区的农村信用社，支农服务能力严重不足，远远不能满足新型经营主体需要。

表3　2022年全国及各省（区、市）粮食产量

	播种面积（千公顷）	总产量（万吨）	单位面积产量（公斤/公顷）
全国总计	118332.1	68652.8	5801.7
北京	76.7	45.4	5910.9
天津	376.7	256.2	6802.1
河北	6443.8	3865.1	5998.1
山西	3150.3	1464.3	4647.9
内蒙古	6951.8	3900.6	5610.9
辽宁	3561.5	2484.5	6976.1
吉林	5785.1	4080.8	7053.9
黑龙江	14683.2	7763.1	5287.1
上海	122.8	95.6	7782.1
江苏	5444.4	3769.1	6922.9
浙江	1020.4	621	6085.3
安徽	7314.2	4100.1	5605.7
福建	837.6	508.7	6073.2
江西	3776.4	2151.9	5698.4
山东	8372.2	5543.8	6621.6
河南	10778.4	6789.4	6299.1
湖北	4689	2741.1	5846
湖南	4765.5	3018	6333
广东	2230.3	1291.5	5790.9
广西	2829.3	1393.1	4924

续表

	播种面积（千公顷）	总产量（万吨）	单位面积产量（公斤/公顷）
全国总计	118332.1	68652.8	5801.7
海南	273	146.6	5368.9
重庆	2046.7	1072.8	5241.8
四川	6463.5	3510.5	5431.4
贵州	2788.7	1114.6	3997
云南	4211	1958	4649.7
西藏	192.6	107.3	5573.6
陕西	3017.5	1297.9	4301.2
甘肃	2699.8	1265	4685.5
青海	303.5	107.3	3534.8
宁夏	692.3	375.8	5428.8
新疆	2433.9	1813.5	7451

注：此表中部分数据因四舍五入，分省合计数与全国数略有差异。

数据来源：国家统计局《国家统计局关于2022年粮食产量数据的公告》

5. 粮食主产区仓储与物流方式落后，造成粮食损失程度严重。

我国粮食损失普遍存在于存储、运输和加工等各个环节，节粮减损潜力较大。有数据显示，我国粮食每年损失量约700亿斤，其中农户储粮环节损失在400亿斤/年，粮食储运环节损失超过150亿斤/年，粮油加工环节损失约150亿斤/年。相关部门曾统计，由于农户储存设施简陋、烘干能力不足、缺少技术指导等原因导致的粮食损失达8%左右。近年来，国家粮食和物资储备部门不断加强粮食生产、收购、储存、运输、加工、销售、消费等全链条管理，推广粮食产后减损技术,不断提升减损能力。一方面,抓好为农服务,减少收购损失,在全国安排建设了 5500 多个专业化粮食产后服务中心,在农民收获粮食时提供清理、干燥、储存等服务,推广使用近 1000 万套农户科学储粮装具,按要求使用装具的农户储粮损失由平均 8% 降至 2% 以内;另一方面,抓技术应用减少储运等环节损失,我国国有粮库储藏周期粮食的综合损失率降到 1% 以内。

◉ 什么是"新一轮千亿斤粮食产能提升行动"?

2009 年国务院办公厅发布了《全国新增 1000 亿斤粮食生产能力规划(2009—2020 年)》,明确提出要实施"粮食产能提升行动"。依据《国家粮食安全中长期规划纲要(2008—2020 年)》,2020 年全国粮食消费量将达到 5725 亿公斤,按照保持国内粮食自给率 95% 测算,国内粮食产量应达到约 5450 亿公斤,比现有粮食生产能力增加近 450 亿公斤。考虑到影响粮食生产和有效供给的不确定性因素较多,本着提高粮食综合生产能力、确保供给、留有余地的原则,未来 12 年间,需要再新增 500 亿公斤生产能力,提高国家粮食安全的保障程度。

主要任务是以稻谷、小麦、玉米三大作物为主,兼顾大豆,按照粮食生产核心区、非主产区产粮大县、后备区和其他地区等四类地区,进行统筹规划,共选定了 800 个县(市),按照发挥比较优势、突出重点品种、注重调出能力、兼顾区域平衡的原则,确定分区、分品种增产任务。从结果来看,实施效果显著,我国粮食总产量从 2008 年刚刚突破 1 万亿斤,到 2020 年达到了 1.34 万亿斤。

巩固提升产能,增产增收。农民家庭经营性收入占全部收入的

1/3 左右，其中粮食生产是主要一项。2022年12月15日至16日的中央经济工作会议提出：实施新一轮千亿斤粮食产能提升行动。抓好粮食生产，让有限耕地产出更多粮食，可以产生更多效益。让农民务农种粮有钱赚、多得利。

2022年中央一号文件围绕粮食生产作出系列部署，首次提出"开展吨粮田创建"。所谓"吨粮田"，就是年粮食亩产达到2000斤的农田。创建吨粮田是提高粮食单产的重要举措之一，通过创建吨粮田，挖掘现有耕地潜力，继续主攻粮食单产，将是今后实现粮食增产的重要途径。

2023年2月13日发布的中央一号文件《中共中央 国务院关于做好2023年全面推进乡村振兴重点工作的意见》强调，"实施新一轮千亿斤粮食产能提升行动""开展吨粮田创建"。2022年我国粮食总产量已经达到1.37万亿斤，全国排名第三的山东省，2022年粮食总产量为1100多亿斤。千亿斤相当于全国总产量的7%以上，与上一阶段的提升相比，新一轮的产能提升难度更大。

◉ 粮食经营应当遵守哪些规定？

2021年2月，国务院公布修订后的《粮食流通管理条例》，这是我国继2013年、2016年之后，第三次修订该条例。《粮食流通管理条例》（以下简称《条例》）的修订出台，标志着我国粮食流通工作进入更加规范化、法治化的轨道，对保护粮食生产者的积极性，促进粮食生产，维护经营者、消费者的合法权益，保障国家粮食安全，维护粮食流通秩序具有重要意义。

粮食经营者，是指从事粮食收购、销售、储存、运输、加工、进出口等经营活动的自然人、法人和非法人组织。国家鼓励多种所有制市场主体从事粮食经营活动，促进公平竞争。依法从事的粮食经营活动受国家法律保护。严禁以非法手段阻碍粮食自由流通。粮食价格主要由市场供求形成。粮食经营活动应当遵循自愿、公平、诚信的原则，不得损害粮食生产者、消费者的合法权益，不得损害国家利益和社会公共利益，并采取有效措施，防止和减少粮食损失浪费。

粮食收购与种粮农民利益直接相关，是粮食从农民手中顺畅进入市场流通的关键环节。新修订的《条例》将粮食收购资格审批改为备案。从事粮食收购的企业，应当向收购地的县级人民政府粮食和储备行政管理部门备案企业名称、地址、负责人以及仓储设施等信息，备案内容发生变化的，应当及时变更备案。粮食收购者收购粮食，应当告知售粮者或者在收购场所公示粮食的品种、质量标准和收购价格。 粮食收购者收购粮食，应当执行国家粮食质量标准，按质论价，不得损害农民和其他粮食生产者的利益；应当及时向售粮者支付售粮款，不得拖欠；不得接受任何组织或者个人的委托代扣、代缴任何税、费和其他款项。粮食收购，是指向种粮农民、其他粮食生产者或者粮食经纪人、农民专业合作社等批量购买粮食的活动。粮食经纪人，是指以个人或者家庭为经营主体，直接向种粮农民、其他粮食生产者、农民专业合作社批量购买粮食的经营者。

在《条例》第三章"宏观调控"中提出：国家鼓励粮食主产区和主销区以多种形式建立稳定的产销关系，鼓励培育生产、收购、储存、加工、销售一体化的粮食企业，支持建设粮食生产、加工、物流基地或者园区，加强对政府储备粮油仓储物流设施的保护，鼓励发展订单农业。在执行政策性收储时国家给予必要的经济优惠，并在粮食运输方面给予优先安排。国家鼓励发展粮食产业经济，提高优质粮食供给水平，鼓励粮食产业化龙头企业提供安全优质的粮食产品。

粮食流通体系持续完善。坚持市场化改革取向和保护农民利益并重，稳妥推进粮食收储制度改革，多元市场主体购销格局基本形成，政策性收购托底作用有效发挥，没有发生过大面积"卖粮难"。大力实施优质粮食工程，推进优粮优产、优购、优储、优加、优销"五优联动"，在更高层次上促进了粮食产需动态平衡。"两横六纵"八大跨省粮食物流骨干通道打通，原粮散粮运输、成品粮集装化运输比重大幅提高。加强粮食供应保障网络建设，应急加工配送体系进一步完善。健全粮食市场监测预警体系，精准落实粮食市场调控措施。在国际粮食市场复杂多变的情况下，我国粮食市场运行总体平稳，在应对风险挑战、稳定经济大势中发挥了应有作用。

⦿ 如何促进其他重要农产品稳产保供？

近年来，我国粮棉油糖、肉蛋奶、果菜茶、水产品等主要农产品生产全面发展、供应充足、品种不断改善、品质不断提升。"菜篮子"产品一头连着农民的增收，一头连着市民的安康。"菜篮子"建设发展总体保持了平稳较快的良好势头，品种日趋丰富，质量不断改善；"菜篮子"产品规模化、专业化生产基地的发展，成为增加农民收入的重要来源。

推动大豆油料扩种增产。2022年国家启动了大豆和油料产能提升工程。2022年中央一号文件提出，大力实施大豆和油料产能提升工程。加大耕地轮作补贴和产油大县奖励力度，集中支持适宜区域、重点品种、经营服务主体，在黄淮海、西北、西南地区推广玉米大豆带状复合种植，在东北地区开展粮豆轮作，在黑龙江省部分地下水超采区、寒地井灌稻区推进水改旱、稻改豆试点，在长江流域开发冬闲田扩种油菜。开展盐碱地种植大豆示范。

稳定生猪生产长效性支持政策。经国务院同意，2021年8月，农业农村部会同国家发展和改革委、财政部、生态环境部、商务部、银保监会发布《关于促进生猪产业持续健康发展的意见》，稳定支持政策，促进生猪产业持续健康发展。

肉牛肉羊增量提质。2021年4月，农业农村部印发《推进肉牛肉羊生产发展五年行动方案》，明确发展目标和重点任务，实施肉牛肉羊增量提质行动，支持北方农牧交错带省份基础母牛扩群提质，推动南方省份种养草畜全产业发展。农业农村部印发《肉羊养殖节本增效实用技术指南》，指导养殖（户）降本增效。

农业农村部持续实施粮改饲和振兴奶业苜蓿发展行动，推动青贮玉米、苜蓿、燕麦草等优质饲草料种植和奶牛养殖配套衔接，支持650万亩高产优质苜蓿基地建设，促进奶业生产降成本、提质量。完善奶业利益联结机制。支持乳企提高自有奶源比例，鼓励乳企采取与奶农互相持股、二次分红等方式稳固奶源基础，支持奶农及合作社发展乳制品加工，推动养殖与加工有机融合。

实施新一轮渔业发展政策，构建与渔业资源养护和产业结构调整相协调的新时代渔业发展支持政策体系，支撑渔业高质量发展的制度框架更加稳固。全国省市县级水产养殖的养殖区、限制养殖区和禁止养殖区"三区"划定基本完成。高标准、严要求创建国家级水产健康养殖和生态养殖示范区 65 个。

蔬菜面积产量稳步增长,价格水平保持稳定。我国蔬菜生产已初步形成华南与西南热区冬春蔬菜、长江流域冬春蔬菜、黄土高原夏秋蔬菜、云贵高原夏秋蔬菜、黄淮海与环渤海设施蔬菜等六大优势区域,蔬菜生产区域性、季节性、结构性趋于协调。

积极推动木本油料树种扩种增产,积极扩大油茶、核桃等木本油料种植规模,改造提升低产林。明确林下经济产业定位,谋划扩大林下经济发展规模、优化林下经济发展布局、探索延伸林业经济产业链条、增加林下经济产品供给、提高森林资源利用水平、实现林草产业高质量发展的实践路径。2021 年 11 月,国家林业和草原局印发《全国林下经济发展指南(2021—2030 年)》,明确今后 10 年全国林下经济发展的总体思路和基本布局。

抓好"菜篮子",要加快推进区域化布局、标准化生产、规模化种养,提升"菜篮子"产品整体供给保障能力和质量安全水平。大力发展设施农业,继续开展园艺作物标准园、畜禽水产示范场创建,启动农业标准化整体推进示范县建设。实施全国蔬菜产业发展规划,支持优势区域加强菜地基础设施建设。稳定发展生猪生产,扶持肉牛肉羊生产大县标准化养殖和原良种场建设,启动实施振兴奶业苜蓿发展行动,推进生猪和奶牛规模化养殖小区建设。制定和实施动物疫病防控二期规划,及时处置重大疫情。开展水产养殖生态环境修复试点,支持远洋渔船更新改造,加强渔政建设和管理。充分发挥农业产业化龙头企业在"菜篮子"产品生产和流通中的积极作用。

畅通"菜篮子"产品运输渠道。推动各地严格落实鲜活农产品运输"绿色通道"政策,在严密防范疫情传播扩散的同时,做好

"菜篮子"产品等重点物资运输保障工作。督促推动各地落实粮油、蔬菜、水果、肉蛋奶、水产品等农产品纳入常态化疫情防控重点保障物资范围的要求，优先核发《重点物资运输车辆通行证》、优先承运、优先装卸、优先查验、优先放行，确保顺畅运输。指导电商企业加强疫情重点地区配送力量保障，提高重点"菜篮子"产品备货量，推广小区集采集配、无接触配送等方式，促进产销高效衔接。

做好"菜篮子"产品产销对接。加强"菜篮子"产品生产供应信息监测调度，搞好产销对接，推动大中城市与主产区建立稳定的产销合作关系。组织批发市场、商超企业等主体与生产基地直接对接，稳定货源、顺畅产销。压实"菜篮子"市长负责制。发挥"菜篮子"市长负责制考核指挥棒作用，将应对疫情保障供给作为重要考核内容，以考核促保供、畅流通、稳市场，保证"菜篮子"产品充足供应。

◉ 科技兴农如何助产增收？

"凡是脱贫致富，必有科技要素"。2014 年 12 月，习近平总书记在江苏调研时指出，现代高效农业是农民致富的好路子。要沿着这个路子走下去，让农业经营有效益，让农业成为有奔头的产业。而随后推出的"十三五"规划建议，在以科技兴农为基础、发展现代农业为目标的基础上，响亮提出"藏粮于技""藏粮于地"的未来农业发展战略。

科技是第一生产力。2012 年中央一号文件第一次比较体系化地提出"科技兴农"战略，统一全党意志大力推进农业科技改革发展。走出了一条中国特色农业科技自主创新道路，农业科技创新成果不断取得突破，农业生产与科技创新深度融合，农业机械化、信息化、智能化飞速发展。农业科技进步贡献率从 2012 年的 54.5% 提升至 2022 年的 62.4%，10 年提升了 7.9 个百分点，农业科技整体水平跨入世界第一方阵。

当前，"三农"工作历史性转向全面推进乡村振兴，对农业农村科技提出了新要求。粮食生产稳面积保供给、产业发展稳基础提效益、农民增收稳势头提后劲，都迫切需要依靠科技在农业农村现代化中的支撑引领作用。《"十四五"全国农业农村发展规划》对突破关键领域重大科技问题、优化农业科技发展布局、重塑中国特色农业农村科技创新体系、推进体制机制改革创新等作出明确指引。

具体目标：到 2025 年，力争突破一批受制于人的"卡脖子"技术和短板技术，农业领域原始创新能力大幅提升，农业科技整体实力稳居世界第一方阵，生物育种、农业 5G 应用、动物疫苗等领域居世界领先水平。农业土地产出率、劳动生产率、资源利用率等进一步提高，生物种业、耕地保育、智慧农业、农机装备、绿色投入品等领域产业竞争力显著提升，农业科技进步贡献率达到 64%。

展望 2035 年，一批世界农业科学技术中心基本形成，以高端化智能化绿色化为标志的农业科技现代化基本实现，基本建成农业科技强国。

农业农村科技创新重点：聚焦种子和耕地"两个要害"，农机装备"一个支撑"，着力解决基础前沿热点、关键核心技术卡点、产业发展升级痛点及乡村建设发展重点。

关于种子：全面启动种业振兴行动，推进种质资源普查与收集，启动实施农业种源关键核心技术攻关，实施农业生物育种重大项目，开展育种联合攻关，支持优势种业企业进行育种创新。

关于耕地：加强黑土地保护利用，重点攻关秸秆快速腐熟、固碳减排等关键技术，摸清盐碱地资源家底，筛选培育耐盐碱品种，创新多元化盐碱地综合利用技术与模式。研究完善高标准农田建设标准体系，大力推广高标准农田建设先进技术及产品。

关于装备：启动农机装备补短板行动，加强适应现代化大农业地区大型大马力机械、适应南方丘陵山区小型小众机械的研发应用，提升装备智能化水平。

表4 "十四五"农业农村科技发展主要指标

类别	指标	2020年期望值	2025年目标值	累计增幅	指标属性
技术	农业科技进步贡献率（%）	60.7	64	3.3	预期性
良种	主要农作物良种覆盖率（%）	96	96	-	预期性
农业机械装备	农作物耕种收综合机械化率（%）	71	75	4	约束性
	畜牧养殖机械化率（%）	36	50	14	预期性
	水产养殖机械化率（%）	32	50	18	预期性
农业资源环境	三大粮食作物化肥利用率（%）	40	43	3	预期性
	三大粮食作物化学农药利用率（%）	40	43	3	预期性
	畜禽粪污综合利用率（%）	76	80	4	预期性
	农作物秸秆综合利用率（%）	86	86	-	预期性
	农膜回收率（%）	80	85	5	预期性
农产品加工	主要农产品加工转化率（%）	68	80	12	预期性

● 针对新型农业经营主体的扶持政策有哪些？

培育新型农业经营主体是一项长期的战略任务。近年来，新型农业经营主体在各项政策的扶持下加速成长，全国依法登记的农民合作社达 223 万家，纳入名录管理的家庭农场超过 400 万个，辐射带动全国近一半的农户，成为构建现代农业经营体系的重要依托。

党的二十大报告中强调：巩固和完善农村基本经营制度，发展新型农村集体经济，发展新型农业经营主体和社会化服务，发展农业适度规模经营。积极引导新型农业经营主体实现高质量发展，全面实施新型农业经营主体提升行动，发挥其保障农民稳定增收、农产品有效供给、农业现代化发展中的积极作用。

一、强化财政金融支持

中央财政通过农业生产发展资金支持新型农业经营主体提升技术应用和生产经营能力。支持县级及以上农民合作社示范社和示范家庭农场改善生产经营条件，规范财务核算，应用先进技术，推进社企对接，提升规模化、集约化、信息化生产能力。

中国人民银行等 6 部门印发《关于金融支持新型农业经营主体发展的意见》，从推动发展信用贷款、拓宽抵押质押物范围、创新专属金融产品、构建金融服务组织体系等方面，支持新型农业经营主体高质量发展。

农业农村部组织开展了新型经营主体信贷直通车活动，助推破解新型农业经营主体"融资难、融资贵"难题。"经营主体直报需求、农担公司提供担保、银行信贷支持"模式，针对 10 万元～300 万元信贷需求，引入国有六大商业银行等提供低利率信贷产品和服务。

二、完善基础管理制度

加强对农民合作社发起成立阶段的辅导，指导农民合作社参照示范章程制定符合自身特点的章程。指导农民合作社依法成立成员（代表）大会、理事会和监事会并认真履行职责。指导农民合作社建立合理的收益分配制度，强化同成员的利益联结。加强登记管理，引导农民合作社按照《市场主体登记管理条例》规定，按时完成年报公示、信息变更登记，推动建立畅通便利的市场退出机制。

指导农民合作社执行合作社财务制度和会计制度，健全内控制度，加强财务管理和会计核算。组织开发家庭农场"随手记"记账软件，免费提供给家庭农场使用，实现家庭农场生产经营数字化、财务收支规范化、销量库存即时化。

三、加强能力建设

依托"耕耘者"振兴计划、乡村产业振兴带头人培育"头雁"项目，培养新型农业经营主体带头人。实施高素质农民培育计划，面向家庭农场主、农民合作社带头人开展全产业链培训。鼓励返乡下乡人员创办农民合作社，支持发展到一定规模的农民合作社探索决策权与经营权分离，引入职业经理人，提升经营管理水平。

引导以家庭农场为主要成员联合组建农民合作社，开展统一生产经营服务。鼓励农民合作社根据发展需要，采取出资新设、收购或入股等形式办公司，以所办公司为平台整合资源要素、延长产业链条、提升经营效益。

四、健全指导服务体系

在依托基层农经队伍发展辅导员的基础上，鼓励各地面向乡土专家、大学生村官、企业和社会组织经营管理人员、示范社带头人、示范家庭农场主等选聘辅导员,细化辅导员工作职责。实施"千员带万社"行动。利用三年时间,平均每个省份培养1000名左右优秀辅导员,为1万家新型农业经营主体提供点对点指导服务。建立全国新型农业经营主体辅导员名录库,根据辅导员工作质量,实行绩效评价、动态管理。

专栏三　全国家庭农场典型案例(2022)

——新型农业经营主体融合发展之:规模经营效益显 种养结合土生金 山西省临猗县征腾家庭农场

山西省临猗县征腾家庭农场通过土地流转规模经营、科技支撑标准化生产、种养结合延伸链条,实现了闲置耕地再利用,带动周边一批外出人员返乡从事粮食生产,努力为国家粮食安全贡献自己的力量。

征腾家庭农场位于山西省运城市临猗县北景乡景庄村,创办于2014年,2017年登记注册为个人独资企业,从事小麦、玉米、豆类、谷物的种植、贮藏、销售和家禽、牲畜的养殖、销售。农场先后从30户本村村民手中流转了279亩农田,发展小麦玉米规模化、机械化连片种植,积极探索种养一体的循环农业模式,不仅实现了农村闲置耕地再利用,还带动了周边一批外出务工农民返乡从事粮食规模化种植。农场2020年被评为山西省示范家庭农场。

一、流转闲置土地,夯实产业规模化基础

农场主何耀华早些年在四川成都务工,一次回乡时偶然听到村里老人谈论土地缺人管理,他萌生了流转土地搞规模化现代化农业经营的想法。2014年,在当地乡政府及村委会的帮助指导下,他流转了本村土地279亩，用于种植小麦、玉米等粮食作物。他流转的土地大多是岭边沟边、土质贫瘠、劳力外出无人耕种的地块，因多年无人管理，杂草丛生、地势不平、肥力不佳，有的地块甚至无法灌溉，抗旱能力弱。因此农场在发展初期，把更多精力放在了基础建设上。

一是平田整地。农场先后购买拖拉机3台、配套旋耕机2台、还田机2台、犁1个、起垄机1台、深松机1台、三轮车2台、播种机2台、推土机1台，通过机械作业平整出土地260亩，其中新增土地11.5亩，新修建灌溉渠道350米，实现了土地连片、水渠相通。

二是提升地力。为了提升土壤肥效，农场从附近村的养鸡场、养猪场拉运农家粪，将粪肥发酵后还田入地，使土地有机质含量从0.03%提高到1.8%，土壤全氮含量达3.3毫克/千克，有效磷含量达20毫克/千克，速效钾含量达80毫克/千克以上。小麦产量由原来的亩均150千克提高到如今的565千克，并且实现了一年两季、小麦玉米回茬作业，玉米平均亩产达到780千克，年收入120.56万元，纯利润36.17万元。

二、应用科学技术，助推粮食标准化生产

一是选优品种，增产增收。土壤质量提高后，农场将发展重点放在了作物选种上。为此，农场主动承担了临猗县小麦、玉米新品种的引进示范任务，先后试种了烟农1212、山农22、中麦110、泽玉8911等小麦、玉米新品种，最终选定烟农1212、泽玉8911作为农场主打品种，实现小麦每亩增收37千克、玉米每亩增收62千克，全年种植收益增加15.12万元。

二是严格标准，规范种植。农场根据生产实际，制定了规模化粮食种植技术规范。在种前整地上，做到翻耕23～25厘米，达到深、细、透、平、实、足（水）的标准。在种植模式上，根据玉米品种情况，规范农作物株距保持在0.2～0.3米，行距保持在0.55～0.6米，种植密度达每亩5000株；小麦播幅控制在0.2米行宽，播深规范在3～4厘米。在施肥打药上，根据土壤综合肥力状况制定施肥方案，以有机肥为主，提升土壤质量，酌情科学喷施杀菌剂，预防苗期褐斑病、玉米螟、大斑病、黑穗病等病害。通过科学管理，农场种植的小麦、玉米亩均成品率提升了26%。

三是合理分工，科学管理。农场明确各成员责任分工，农场主负责农场建设整体规划、土地流转、资金管理、品种选育等事务，其妻子负责农作物病虫害防治、水肥管理等事务，其儿子负责农机具驾驶作业、保养维修、粮食收储销售以及电商运营等事务。农场常年雇工1人，负责协助开展农作物田间管护。农场还积极应用数字化管理工具，下载使用农业农村部"家庭农场随手记"记账软件，做到各项收支、库存、债权债务等变动信息能够及时记录，随时掌握家庭农场生产经营状况。

三、开展社会化服务，拓展增收渠道

农场购置了3台玉米穗茎兼收机，为有需要的种粮农户提供农业机械收获服务，并与农户达成协议，用收获的玉米秸秆抵作农场的服务费用，为农户亩均节省成本100元以上。通过提供社会化服务，农场年均收获玉米秸秆2100余吨，其中2/3按照市场价格销售给附近养殖大户用作饲料，剩余1/3留作自用，作为农场养殖绵羊的饲料。有了玉米秸秆饲料的充足供给，农场饲养的绵羊数量从120只迅速增加到570只，每年为农场增收达90万元。

农场开展粮食规模化种植的成效，吸引了农场主刚刚毕业的儿子何泽东返乡创业。他发挥年轻人的优势，利用互联网拓宽农场产品销售渠道，通过各类电商销售平台发布产品信息，与供销商网上签订购销合同，实现了农场产品尽产尽销。他还利用农场搭建的信息平台优势，帮助周边种植农户在网络上销售苹果、小麦、玉米、甜柿等农产品，带动父老乡亲共同致富。

● 如何推进农业社会化服务持续发展？

农业社会化服务是实现小农户和现代农业发展有机衔接的重要机制，是激发农民生产积极性、发展农业生产力的重要经营方式。近年来，农业社会化飞快发展，多元化服务组织稳步壮大，服务领域不断拓展，服务模式加快创新，带动小农户发展成效日益凸显。截至2021年底，全国各类农业社会化服务组织总数达到104.1万个，服务营业收入总额达到1738.3亿元，服务小农户数量达到8939.1万户，服务总面积达到18.7亿亩次，其中服务粮食作物面积13.5亿亩次。

我国的国情农情决定了我们不能学欧美的模式，短期内搞大规模集中经营，不可能走日韩高投入高成本小而精的路子。现阶段，最现实、最有效的途径就是通过发展农业社会化服务，把一家一户干不了、干不好、干起来不划算的生产环节集中起来，统一委托给服务主体去完成。农业社会化服务的过程，就是推广应用先进技术装备、改善资源要素投入结构的过程。

目前，农业服务主体主要有专业服务公司、农民合作社、供销合作社、农村集体经济组织、服务专业户等类型。其中，专业服务公司和服务型农民合作社数量超过服务主体总数的1/3，服务能力较强,服务规模较大,服务小农户数量最多。农业社会化服务的重点领域主要在粮棉油糖等大宗农作物。各地因地制宜,创新了多种服务模式,"服务主体+农村集体经济组织+农户""服务主体+各类新型经营主体+农户"等组织形式,以服务为纽带,促进各主体形成紧密联结、利益共享、风险共担的共同体。如安徽在产粮大县依托村集体大力推进整村托管模式,山东推广"服务主体+小店长+小农户"模式等。

2017年开始,中央财政安排专项转移支付资金用于支持农业生产社会化服务。聚焦围绕粮食和大豆油料生产,支持符合条件的农民专业合作社、农村集体经济组织、专业服务公司和供销合作社等主体开展农业社会化服务,推动服务带动型规模经营发展。根据资源禀赋、产业特点、劳动力转移程度、农业机械化水平和小农户生产需求等因素,因地制宜确定补助方式与标准,加强与其他农业生产支持政策的衔接配套,支持各类服务主体集中连片开展单环节、多环节、全程托管等服务,提高技术到位率、服务覆盖面和补贴精准性,推动节本增效和农民增收。各级政府农业支持政策逐步从补主体、补装备、补技术,向补服务转变。这些措施有效扶持引导小农户接受社会化服务,营造了良好的政策环境。

农业农村部发布的《关于加快发展农业社会化服务的指导意见》提出,要把握趋势、因势利导,推动社会化服务范围从粮棉油糖等大宗农作物向果菜茶等经济作物拓展,从种植业向养殖业等领域推进,从产中向产前、产后等环节及金融保险等配套服务延伸,不断提升社会化服务对农业全产业链及农林牧渔各产业的覆盖率和支撑作用。

◉ 小农户如何融入现代化大农业？

"大国小农"是我国的基本农情，"人均一亩三分地、户均不过十亩田"。小农户家庭经营是我国农业发展需要长期面对的现实。在鼓励发展多种形式适度规模经营的同时，完善针对小农户的扶持政策，加强面向小农户的社会化服务，提升小农户生产设施条件和抗风险能力，拓展小农户增收空间，把小农户引入现代农业发展轨道。

2019年，《关于促进小农户与现代农业发展有机衔接的意见》，明确提出要健全面向小农户的社会化服务体系，发展农业生产性服务，加快推进农业生产托管服务，实施小农户生产托管服务促进工程。具体从以下几个方面发力。

1. 提升小农户发展能力。鼓励有长期稳定务农意愿的小农户稳步扩大规模，培育一批规模适度、生产集约、管理先进、效益明显的农户家庭农场。以提供补贴为杠杆，鼓励小农户接受新技术培训。推广应用面向小农户的实用轻简型装备和技术。鼓励各地通过以奖代补、先建后补等方式，支持村集体组织小农户开展农业基础设施建设和管护。加强农业防灾减灾救灾体系建设，提高小农户抗御灾害能力。

2. 提高小农户组织化程度。支持小农户通过联户经营、联耕联种、组建合伙农场等方式联合开展生产，共同购置农机、农资，接受统耕统收、统防统治、统销统结等服务，降低生产经营成本。支持小农户在发展休闲农业、开展产品营销等过程中共享市场资源，实现互补互利。鼓励小农户利用实物、土地经营权、林权等作价出资办社入社，盘活农户资源要素。积极发展"农户+合作社""农户+合作社+工厂或公司"等模式。支持龙头企业通过订单收购、保底分红、二次返利、股份合作、吸纳就业、村企对接等多种形式带动小农户共同发展。鼓励龙头企业通过"公司+农户""公司+农民合作社+农户"等方式,延长产业链、保障供应链、完善利益链,将小农户纳入现代农业产业体系。鼓励小农户以土地经营权、林权等入股龙头企业并采取特殊保护,探索实行农民负盈不负亏的分配机制。鼓励和支持发展农业产业化联合体,通过统一生产、统一营销、信息互通、技术共享、品牌共创、融资担保等方式,与小农户形成稳定利益共同体。

3. 拓展小农户增收空间。引导小农户拓宽经营思路,依靠产品品质和特色提高自身竞争力。支持小农户发挥精耕细作优势,引入现代经营管理理念和先进适用技术装备,发展劳动密集化程度高、技术集约化程度高、生产设施化程度高的园艺、养殖等产业,实现小规模基础上的高产出高效益。支持小农户利用自然资源、文化遗产、闲置农房等发展观光旅游、餐饮民宿、养生养老等项目,拓展增收渠道。支持小农户在家庭种养基础上,通过发展特色手工和乡村旅游等,实现家庭生产的多业经营、综合创收。

4. 健全面向小农户的社会化服务体系。发展农业生产性服务业,重点发展小农户急需的农资供应、绿色生产技术、农业废弃物资源化利用、农机作业、农产品初加工等服务领域。提升农业生产托管对小农户服务的覆盖率。推进农超对接、农批对接、农社对接,支持各地开展多种形式的农产品产销对接活动,拓展小农户营销渠道。加快农业大数据、物联网、移动互联网、人工智能等技术向小农户覆盖,提升小农户手机、互联网等应用技能,让小农户搭上信息化快车。实施以镇带村、以村促镇的镇村融合发展模式,将小农户生产逐步融入区域性产业链和生产网络。

● 乡村可以发展哪些特色产业？

农民增收靠产业，产业壮大靠特色。习近平总书记在广西考察时强调，全面推进乡村振兴，要立足特色资源，坚持科技兴农，因地制宜发展乡村旅游、休闲农业等新产业新业态，贯通产加销，融合农文旅，推动乡村产业发展壮大，让农民更多分享产业增值收益。各地立足资源优势和区位特点，深挖乡村特色资源，在培育优势特色产业，打造高品质、全链条乡村产业上有很多探索。农业农村部也通过政策扶持，推动"一村一品"、乡村特产和乡村工匠、"三品一标"建设。

发展"一村一品"，是加快现代乡村农业建设、实现农民增收的重要途径。近年来，农业农村部持续推进"一村一品"，挖掘乡村产业功能价值，开发特色产品，促进一二三产业融合发展，打造产村产镇融合发展新格局。2023年3月7日，农业农村部公布了第十二批全国"一村一品"示范村镇及2022年全国乡村特色产业产值超十亿元镇和超亿元村名单。我国"一村一品"示范村镇累计达到4068个。

农业农村部从2019年起，连续两年组织开展全国乡村特色产品和乡村工匠项目，挖掘农村各类非物质文化遗产资源，保护传统工艺，发展特色产业，创响"土字号""乡字号"特色品牌。特色产品历史底蕴浓厚、乡土气息浓郁，"土里土气土特产、原汁原味原生态"，经过孕育发展，多数特色产品已经成为"一县一业""一镇一特""一村一品"的优势主导产业。乡村工匠手艺精湛，藤编技艺、剪纸年画、金属锻造、陶艺石雕……这些大师在传承中创新、在创新中发展，手工技艺凝结了一方历史民族文化精髓，代表了乡土工艺水平顶峰，更是带动乡土产业发展、农民增收致富的"领头雁"。

发展"三品一标"农产品，即绿色、有机、地理标志和达标合格农产品，可以提高农产品质量品质，全产业链拓展增值增效空间，让农产品产得优、卖得好。2021年，《农业生产"三品一标"提升行动实施方案》中指出，从2021年起，农业生产"三品一标"提升行动启用最新概念，即品种培优、品质提升、品牌打造和标准化生产。从生产方式导向出发，注重对具体生产过程进行布局、规划，适应新时期农业高质量发展要求。新的"三品一标"概念蕴含了农业全产业链的拓展增值空间，更好地促进农产品优质优价，产业提档升级、农民增收致富。2022年，农业农村部开展农业生产"三品一标"提升行动，系统部署种植业、畜牧业、渔业，以及农业品种培优、品牌打造、标准化生产等分行业分领域农业生产"三品一标"工作。推介北京市平谷区等40个单位为2022年全国农业生产"三品一标"典型案例。

● 供销合作社在"三农"服务中发挥什么作用？

供销合作社是为农服务的合作经济组织，是党和政府做好"三农"工作的重要载体。为深入贯彻落实党的十八大和十八届二中、三中、四中全会精神，加快推进农业现代化，促进农民增收致富，推动农村全面建成小康社会，2015年党中央、国务院作出《中共中央国务院关于深化供销合作社综合改革的决定》（以下简称《决定》）。

《决定》指出要充分认识深化供销合作社综合改革的紧迫性重

要性。长期以来，供销合作社扎根农村、贴近农民，组织体系比较完整，经营网络比较健全，服务功能比较完备，完全有条件成为党和政府抓得住、用得上的为农服务骨干力量。要充分用好这支力量，必须通过深化综合改革，进一步激发内生动力和发展活力，在发展现代农业、促进农民致富、繁荣城乡经济中更好发挥其独特优势，担当起更大责任。

在改革过程中，要坚持为农服务根本宗旨、坚持合作经济基本属性、坚持社会主义市场经济改革方向等原则。立足为农服务，围绕破解"谁来种地""地怎么种"等问题，供销合作社要采取大田托管、代耕代种、股份合作、以销定产等多种方式，为农民和各类新型农业经营主体提供农资供应、配方施肥、农机作业、统防统治、收储加工等系列化服务，推动农业适度规模经营。创新农资服务方式，推动农资销售与技术服务有机结合，加快农资物联网应用与示范项目建设。密切与农民的利益联结。通过劳动合作、资本合作、土地合作等多种途径，采取合作制、股份合作制等多种形式，广泛吸纳农民和各类新型农业经营主体入社，不断强化基层社与农民在组织上和经济上的联结。

把供销合作社系统打造成为与农民联结更紧密、为农服务功能更完备、市场化运行更高效的合作经济组织体系，成为服务农民生产生活的生力军和综合平台。

《乡村振兴促进法》中明确规定，各级人民政府应当深化供销合作社综合改革，鼓励供销合作社加强与农民利益的联结，完善市场运作机制，强化为农服务功能，发挥其为农服务综合性合作经济组织的作用。2021年、2022年和2023年连续三年中央一号文件强调充分发挥供销社为"三农"服务的功能。2021年的中央一号文件提出,深化供销合作社综合改革,开展生产、供销、信用"三位一体"综合合作试点,健全服务农民生产生活综合平台。2022年中央一号文件提到加强县域商业体系建设,推动冷链物流服务网络向农村延伸,整县推进农产品产地仓储保鲜冷链物流设施建设。支持供销合作社开展县域流通服务网络建设提升行动,建设县域集采集配中心。2023年中央一号文件提出,坚持为农服务和政事分开、社企分开,持续深化供销合作社综合改革。

◉ 什么是县域流通服务网络建设提升行动?

县域流通服务网络建设是全国供销合作社系统服务全面推进乡村振兴的重要途径,是供销社近年发力的重点。2021年11月,中华全国供销合作总社印发了《关于开展供销合作社县域流通服务网络建设提升行动的实施意见》,提出发展目标:"十四五"时期,通过开展供销合作社县域流通服务网络提升行动,建立完善以流通骨干企业为支撑、县城为枢纽、乡镇为节点、村级为终端的三级县域流通服务网络,努力实现县有物流配送中心和连锁超市、乡镇有综合超市、村有综合服务社。"一网多用、双向流通"综合服务功能充分发挥,全系统在农村消费市场的经营规模进一步扩大,农产品流通水平明显提高,到2025年,全系统乡村消费品零售额达到1万亿元,农产品销售额达到3.2万亿元,重点打造200个"供销合作社县域流通服务网络强县"。

从提升县域流通服务网络建设水平、提升农村市场供给能力、增强农产品上行功能、创新流通业态模式四个方面,开展供销合作社县域流通服务网络提升行动。具体来看有以下发力点。

1. 发挥县级物流配送中心的枢纽作用，通过集采集配、网络点单配送等方式，为乡镇综合超市、农村综合服务社等提供日用消费品、农资物流配送和快递分拣服务，为农产品上行提供仓储保鲜、分拣包装、电子商务等服务。强化县级物流配送中心对乡镇和村级网点的连锁配送功能。发展乡镇综合超市。改造升级农村综合服务社。积极推动系统流通骨干企业下沉渠道，通过兼并重组、资本业务联结等方式，培育壮大县域流通企业。

2. 优化日用消费品供给。强化县级供销合作社与系统农资流通企业联合合作，拓展农资供应服务，扩大终端网络覆盖面，更好发挥农资流通主渠道作用。

3. 加强农产品市场建设。力争到2025年，全系统创建3～5个国家级农产品产地专业市场，争创一批全国农产品骨干批发市场。为小农户、农民合作社等各类经营主体提供农产品采后预冷、仓储保鲜、冷链配送等综合服务，提高产地商品化处理和错峰销售能力。拓展产销对接渠道。

4. 各级供销合作社要以县域为重点，挖掘培育地方优质特色农产品，通过电商平台、微信小程序、短视频、网络直播等多种方式拓展农产品电商销售渠道。发展农村物流共同配送。积极探索应用互联网、物联网、大数据、云计算等现代信息技术，加强流通领域信息化平台建设，提升流通企业精细化运营服务水平。

在投入高、回报慢，涉及最后一公里的冷链物流建设上，供销合作社也将发挥重要作用。2022年2月19日发布的《全国供销合作社"十四五"公共型农产品冷链物流发展专项规划》（以下简称《规划》）提出，要组织实施"612"工程，即建设600个县域产地农产品冷链物流中心、100个农产品冷链物流枢纽基地、200个城市销地农产品冷链物流中心。

《规划》提出，"十四五"期间，全国供销合作社系统将构建以骨干网、省域网、区域网与信息平台为主架构的供销合作社公共型农产品冷链物流服务网络。到2025年，全系统冷链物流基础设施更加完善、服务能力显著增强、行业影响力明显提升，在国家冷链物流发展中发挥积极作用。

《规划》明确，到2035年，实现供销合作社公共型农产品冷链物流服务网络更加完善，基础设施、服务能力、科技水平达到国内领先水平，在我国农产品流通中发挥主力军作用，有效满足人民日益增长的美好生活需要，为农业农村现代化建设贡献更大力量。

◉ 数字乡村发展的战略目标和重点任务是什么？

2019年，中共中央办公厅、国务院办公厅印发《数字乡村发展战略纲要》指出，数字乡村是伴随网络化、信息化和数字化在农业农村经济社会发展中的应用，以及农民现代信息技能的提高而内生的农业农村现代化发展和转型进程，既是乡村振兴的战略方向，也是建设数字中国的重要内容。针对我国当前"农村信息基础设施加快建设，线上线下融合的现代农业加快推进，农村信息服务体系加快完善，同时也存在顶层设计缺失、资源统筹不足、基础设施薄弱、区域差异明显等问题"的现状，结合"立足新时代国情农情，要将数字乡村作为数字中国建设的重要方面，加快信息化发展，整体带动和提升农业农村现代化发展"的形势，提出战略目标和重点任务。

四个阶段战略目标为：

1. 到 2020 年，数字乡村建设取得初步进展。全国行政村 4G 覆盖率超过 98%，农村互联网普及率明显提升。农村数字经济快速发展，建成一批特色乡村文化数字资源库，"互联网+政务服务"加快向乡村延伸。网络扶贫行动向纵深发展，信息化在美丽宜居乡村建设中的作用更加显著。

2. 到 2025 年，数字乡村建设取得重要进展。乡村 4G 深化普及、5G 创新应用，城乡"数字鸿沟"明显缩小。初步建成一批兼具创业孵化、技术创新、技能培训等功能于一体的新农民新技术创业创新中心，培育形成一批叫得响、质量优、特色显的农村电商产品品牌，基本形成乡村智慧物流配送体系。乡村网络文化繁荣发展，乡村数字治理体系日趋完善。

3. 到 2035 年，数字乡村建设取得长足进展。城乡"数字鸿沟"大幅缩小，农民数字化素养显著提升。农业农村现代化基本实现，城乡基本公共服务均等化基本实现，乡村治理体系和治理能力现代化基本实现，生态宜居的美丽乡村基本实现。

4. 到 21 世纪中叶，全面建成数字乡村，助力乡村全面振兴，全面实现农业强、农村美、农民富。

十大重点任务为：

1. 加快乡村信息基础设施建设。加强基础设施共建共享，加快农村宽带通信网、移动互联网、数字电视网和下一代互联网发展。全面实施信息进村入户工程，构建为农综合服务平台。加快推动农村地区水利、公路、电力、冷链物流、农业生产加工等基础设施的数字化、智能化转型，推进智慧水利、智慧交通、智能电网、智慧农业、智慧物流建设。

2. 发展农村数字经济。完善自然资源遥感监测"一张图"和综合监管平台，对永久基本农田实行动态监测。推进农业农村大数据中心和重要农产品全产业链大数据建设，推动农业农村基础数据整合共享。建设农业农村遥感卫星等天基设施，大力推进北斗卫星导航系统、高分辨率对地观测系统在农业生产中的应用。加快推广云计算、大数据、物联网、人工智能在农业生产经营管理中的运用。实施"互联网+"农产品出村进城工程，加强农产品加工、包装、冷链、仓储等设施建设。推动互联网与特色农业深度融合，发展创意农业、认养农业、观光农业、都市农业等新业态。

3. 强化农业农村科技创新供给。促进新一代信息技术与农业装备制造业结合，研制推广农业智能装备。建设一批新农民新技术创业创新中心，推动产学研用合作。

4. 建设智慧绿色乡村。建立农业投入品电子追溯监管体系，推动化肥农药减量使用。加大农村物联网建设力度，实时监测土地墒情，促进农田节水。建设现代设施农业园区，发展绿色农业。建立全国农村生态系统监测平台，统筹山水林田湖草系统治理数据。建设农村人居环境综合监测平台。

5. 繁荣发展乡村网络文化。利用互联网宣传中国特色社会主义文化和社会主义思想道德，建设互联网助推乡村文化振兴建设示范基地。全面推进县级融媒体中心建设。推进数字广播电视户户通和智慧广电建设。推进乡村优秀文化资源数字化，建立历史文化名镇、名村和传统村落"数字文物资源库""数字博物馆"，加强农村优秀传统文化的保护与传承。以"互联网+中华文明"行动计划为抓手，推进文物数字资源进乡村。开展重要农业文化遗产网络展览，大力宣传中华优秀农耕文化。

6. 推进乡村治理能力现代化。推动"互联网＋党建"。推动"互联网＋社区"向农村延伸，提高村级综合服务信息化水平。加快推进实施农村"雪亮工程"，深化平安乡村建设。

7. 深化信息惠民服务。发展"互联网＋教育"，推动城市优质教育资源与乡村中小学对接，帮助乡村学校开足开好开齐国家课程。大力发展"互联网＋医疗健康"，支持乡镇和村级医疗机构提高信息化水平，引导医疗机构向农村医疗卫生机构提供远程医疗、远程教学、远程培训等服务。

8. 激发乡村振兴内生动力。支持新型农业经营主体和服务主体发展。为农民提供在线培训服务，培养造就一支爱农业、懂技术、善经营的新型职业农民队伍。因地制宜发展数字农业、智慧旅游业、智慧产业园区，促进农业农村信息社会化服务体系建设，以信息流带动资金流、技术流、人才流、物资流。创新农村普惠金融服务，降低农村金融服务门槛。

9. 推动网络扶贫向纵深发展。深入推动网络扶贫行动向纵深发展，强化对产业和就业的扶持，充分运用大数据平台开展对脱贫人员的跟踪及分析，持续巩固脱贫成果。

10. 统筹推动城乡信息化融合发展。强化一体设计、同步实施、协同并进、融合创新，促进城乡生产、生活、生态空间的数字化、网络化、智能化发展，加快形成共建共享、互联互通、各具特色、交相辉映的数字城乡融合发展格局。引导集聚提升类村庄全面深化网络信息技术应用，培育乡村新业态。依托国家数据共享交换平台体系，推进各部门涉农政务信息资源共享开放、有效整合。

● 全国数字乡村建设取得了哪些进展和成效？

党中央高度重视数字乡村建设，自2018年中央一号文件首次提出"实施数字乡村战略"，连续六年中央一号文件均对建设数字乡村提出了明确指示和部署。2019年5月，中共中央办公厅、国务院办公厅印发《数字乡村发展战略纲要》，明确了数字乡村建设的目标任务。党的十九届五中全会通过的《中华人民共和国国民经济和社会发展第十四个五年规划和二〇三五年远景目标纲要》明确指出"推进数字乡村建设"。

中央网信办、农业农村部发布的《中国数字乡村发展报告（2022年）》表明全国全方位推进数字乡村建设实现了良好开局，2021年全国数字乡村发展水平达到39.1%。

一是乡村数字基础设施建设加快推进。农村网络基础设施实现全覆盖，农村通信难问题得到历史性解决。截至2022年6月，农村互联网普及率达到58.8%。

二是智慧农业建设快速起步。数字育种探索起步，智能农机装备研发应用取得重要进展，智慧大田农场建设多点突破，畜禽养殖数字化与规模化、标准化同步推进，数字技术支撑的多种渔业养殖模式相继投入生产，2021年农业生产信息化率为25.4%。

三是乡村数字经济新业态新模式不断涌现。农村寄递物流体系不断完善，农村电商继续保持乡村数字经济"领头羊"地位，乡村新业态蓬勃兴起，农村数字普惠金融服务可得性、便利性不断提升。

四是乡村数字化治理效能持续提升。"互联网＋政务服务"加快向乡村延伸覆盖，2021年全国六类涉农政务服务事项综合在线办事率达68.2%，以数据驱动的乡村治理水平不断提高。

五是乡村网络文化发展态势良好。乡村网络文化阵地不断夯实，网络文化生活精彩纷呈，中国农民丰收节成风化俗，数字化助推乡村文化焕发生机。

六是数字惠民服务扎实推进。"互联网＋教育""互联网＋医疗健康""互联网＋人社"、线上公共法律与社会救助等服务不断深化，利用信息化手段开展服务的村级综合服务站点共48.3万个，行政村覆盖率达到86.0%。

七是智慧绿色乡村建设迈出坚实步伐。农业绿色生产信息化监管能力全面提升，乡村生态保护监管效能明显提高，农村人居环境整治信息化得到创新应用。

八是数字乡村发展环境持续优化。政策制度体系不断完善，协同推进的体制机制基本形成，标准体系建设加快推进，试点示范效应日益凸显。

中央网信办、农业农村部等五部门联合印发《2023年数字乡村发展工作要点》，进一步明确数字乡村建设的目标和重点任务，以数字化赋能乡村产业发展、乡村建设和乡村治理，整体带动农业农村现代化发展、促进农村农民共同富裕，推动农业强国建设取得新进展、数字中国建设迈上新台阶。

专栏四　创新线上互动场景　助力农产品品牌升级
——蚂蚁科技电商助农实践探索

习近平总书记指出，电商作为新兴业态，既可以推销农副产品、帮助群众脱贫致富，又可以推动乡村振兴，是大有可为的。为积极响应国家乡村振兴战略，蚂蚁集团于2021年启动"百县百品"线上助农公益项目，积极发挥平台优势，以流量、声量、销量支持农村产业，带动亿万网友参与，计划13年共助力100个县域农产品区域公共品牌升级，助力乡村振兴。

（一）创新互动场景，开辟线上助农主题阵地

蚂蚁集团"百县百品"线上助农公益项目，主要依托支付宝芭芭农场、蚂蚁庄园等线上阵地，开办线上助农主题会场，通过肥料奖励、互动答题、种果树得水果等互动场景，吸引网友参与消费助农，打造助农主题阵地。2021年互动助农活动页面全年累计访问量超6.2亿人次，"丰收节田间课堂"互动答题栏目累计参与达6672万人次。截至2022年11月，支付宝"百县百品"助农项目已完成17站主题活动，助力全国21个省份138个县（市、区）317个特色农产品，品牌曝光量超26.8亿人次，累计带动471多万人次的网友通过消费助农，助销农产品超1160万斤，总销售额达8300多万元。

（二）整合流量优势，打通电商发展最后一环

蚂蚁集团针对当前农产品电商平台准入门槛较高、管理和运营经验缺乏、品牌打造意识和能力不足等问题，直击农产品电商流量缺失这一痛点，依托支付宝助农频道，发挥技术和流量优势，对选定农产品免费提供流量支持，助力农产品销售。例如，蚂蚁集团通过两次"百县百品"活动，对江西省石城县的赣南脐橙、土蜂蜜、荷花粉、莲子等10个特色农产品实行线上销售，活动期间累计曝光量超过2亿人次、销售量超过146吨，助力石城农人创收320万元。

（三）发挥技术优势，打好农业品牌化组合拳

蚂蚁集团将农产品品牌服务作为"百县百品"活动的重要内容与核心目标，通过品牌孵化、培育、提升等多种方式，全方位助力项目地农产品品牌"树起来"和"走出去"。以江西省石城县"百县百品"项目为例：在品牌孵化方面，蚂蚁集团联合中国乡村发展基金会旗下电商平台"善品公社"，对水南村的白莲和莲子加工品进行包装，借助流量优势，实现"石城白莲"品牌从无到有的突破；在品牌培育方面，蚂蚁集园立足当地优势特色产业，助力打造"石城脐橙""石城白莲"等农产品区域公用品牌，提高农产品整体竞争力；在品牌提升方面，蚂蚁集团借助技术优势，使用蚂蚁区块链溯源技术为石城县的脐橙、白莲、蜂蜜等特色农产品贴上溯源码，让农产品从此有了"数字身份证"。

（四）加强政企联动，创新公益助农合作模式

助农项目的实施离不开政府的支持，蚂蚁集团"百县百品"项目分别与河南省乡村振兴局、河北省农业农村厅、四川省乡村振兴局、陕西省农业农村厅、宜昌市商务局、宜君县人民政府等省市县政府部门合作，聚焦中西部区域、农产品滞销及受灾地区，精准帮扶开展活动。此外，针对部分文旅资源丰富的县，"百县百品"项目还打造了"蚂上出发"助农体验活动，通过招募网友及达人到线下体验，创作图文视频等优质内容，创设新媒体话题，构建线上线下结合模式，为帮扶县进行文旅品牌宣传推广。

蚂蚁集团践行公益助农理念，通过"百县百品"项目的实施及推广，有效推动了农业增效、农民增收、农村增值。一是促进了合作社增效和农民增收。蚂蚁集团"百县百品"项目为具有地方特色的

县域农产品带来了流量与机会，合作社和农民收入实现了同步增长，如在助农帮扶专场期间，"一品优"赣南脐橙合作社滞销产品全部售出，销售量相当于全年总销售量的15%，产品复购率高达60%，同步实现了农民持续增收。二是推动了线上消费帮扶助农。蚂蚁集团"百县百品"项目聚焦中西部欠发达地区，坚持"雪中送炭"，带动广大网友参与消费助农、互动助农。相继打造了湖北秭归伦晚脐橙、河北青龙板栗、四川石棉黄果柑、广西东兰海鸭蛋等多个百万级爆款单品。三是助力了县域农产品品牌推广。蚂蚁集团"百县百品"项目借助支付宝芭芭农场及微博等社交媒体，通过拍摄专题助农宣传片、挖掘新农人故事、创设新媒体话题等方式，为打造县域公共品牌助力。

四是提升了县域电商发展能力。承接"百县百品"项目之后，订单数量的攀升倒逼电商平台自主运营能力优化，产品运营、服务营销、问题诊断等能力得到全面提升。同时，农产品订单的持续增长，带动了当地物流、仓储等电商基础设施发展，也让当地电商企业在备货、包装、发货及售后等方面经历了一次"大练兵"，运营能力迈上新台阶。

（摘自《中国乡村振兴报告2021》中国农业出版社）

第六编 富裕

支农护农稳增收

● 我国财政支农体系是什么样的？

《中华人民共和国农业法》第三十七条第一款规定：国家建立和完善农业支持保护体系，采取财政投入、税收优惠、金融支持等措施，从资金投入、科研与技术推广、教育培训、农业生产资料供应、市场信息、质量标准、检验检疫、社会化服务以及灾害救助等方面扶持农民和农业生产经营组织发展农业生产，提高农民的收入水平。国家逐步提高农业投入的总体水平。中央和县级以上地方财政每年对农业总投入的增长幅度应当高于其财政经常性收入的增长幅度。国家运用税收、价格、信贷等手段，鼓励和引导农民和农业生产经营组织增加农业生产经营性投入和小型农田水利等基本建设投入。国家鼓励社会资金投向农业，鼓励企业事业单位、社会团体和个人捐资设立各种农业建设和农业科技、教育基金。各级人民政府应当鼓励和支持企业事业单位及其他各类经济组织开展农业信息服务。国家鼓励和扶持农用工业的发展。国家鼓励供销合作社、农村集体经济组织、农民专业合作经济组织、其他组织和个人发展多种形式的农业生产产前、产中、产后的社会化服务事业。国家建立健全农村金融体系，加强农村信用制度建设，加强农村金融监管。国家建立和完善农业保险制度。

2006年中央一号文件提出，国家财政支农资金增量要高于上年，国债和预算内资金用于农村建设的比重要高于上年，其中直接用于改善农村生产生活条件的资金要高于上年。到2023年中央一号文件提出，坚持把农业农村作为一般公共预算优先保障领域，压实地方政府投入责任。稳步提高土地出让收益用于农业农村比例。历年中央一号文件，始终坚持农业农村优先发展的内涵，强调优先保障财政支出优先支持农业农村发展，中央预算内投资进一步向农业农村倾斜。发挥财政惠农支农政策，引领农民走共同富裕之路的宏观调控作用。

⦿ 目前我国农产品价格形成机制是什么样的？

党的十八大以来，财政支农政策体系不断完善，兼顾粮食生产稳定与农民持续增收，聚焦种粮农民尤其是种粮大户，进一步提高政策的指向性、精准性和实效性。党的十八届三中全会提出了"完善农产品价格形成机制，注重发挥市场形成价格作用。"坚持并完善稻谷、小麦最低收购价政策，合理调整最低收购价水平，形成合理比价关系；积极推进玉米市场定价、价补分离改革，建立起"市场化收购+生产者补贴"的新机制，并鼓励地方将补贴资金向优势产区集中，保障优势产区玉米种植收益基本稳定。

1. 最低收购价政策。为了充分发挥价格杠杆的作用，稳定粮食市场，保护农民利益，从2004年开始国家陆续在主产区对稻谷、小麦实行最低收购价政策，有效保护和调动了广大农民的种粮积极性，促进了我国粮食生产的稳定发展。最低收购价政策区别于以前实行的保护价政策：一是最低收购价建立在放开收购价格、收购主体多样化、收购市场充分竞争的市场基础上；二是最低收购价不一定都敞开收购，在收购一定数量、市场价格回升到最低收购价水平之上时则停止收购。我国始终坚持并完善稻谷、小麦最低收购价政策。近年来，全球范围内不确定、不可控因素交织叠加，国际粮食市场频繁大幅波动。国家有关部门综合考虑粮食的生产成本、市场供求、国内外价格和产业发展等因素，适当提高小麦、稻谷最低收购价格水平。2023年，小麦最低收购价格是每斤1.17元，早籼稻1.26元，均比上年提高2分钱，中晚籼稻1.29元、粳稻1.31元，与上年持平；我国小麦的最低收购价已连续三年提高，早籼稻连续四年提高。

2."市场化收购＋生产者补贴"。从2014年开始，国家开始深化农产品价格形成机制改革，2016年，国家按照"市场定价、价补分离"的原则对玉米收储制度进行改革，将玉米临时收储政策调整为"市场化收购加补贴"的新机制，生产者随行就市出售玉米，各类市场主体自主入市收购。从2017年起全面实施玉米和大豆"市场化收购＋生产者补贴"的新机制，明显改善了产需关系，多元主体入市收购积极，市场购销活跃，库存水平趋于合理，实现了生产稳定、产业内在竞争力提升和农民收入基本保障等多赢政策目标。补贴标准：农业农村部会同中央农办、财政部等相关部门对玉米和大豆市场供需、价格走势、农民种植基本收益、种植意向等情况进行调研分析，在此基础上，确定玉米和大豆生产者补贴测算水平。由于各地自然资源禀赋、生产成本等情况各异，具体补贴方式、补贴标准由各地结合本地实际情况确定，鼓励地方将补贴资金向优势产区集中。

3.目标价格制度。所谓目标价格补贴，是指政府事先确定农产品的目标价格，当该农产品实际市场价格低于目标价格时，政府按照两者之间的差价补贴农产品生产者，保证其基本收益；若该农产品实际市场价格高于目标价格，则不需启动目标价格补贴政策。2014年中央一号文件提出，完善粮食等重要农产品价格形成机制；继续坚持市场定价原则，探索推进农产品价格形成机制与政府补贴脱钩的改革，逐步建立农产品目标价格制度，在市场价格过高时补贴低收入消费者，在市场价格低于目标价格时按差价补贴生产者，切实保证农民收益。按照文件精神，今后我国将按照市场定价、价补分离原则，推进完善粮食等重要农产品的价格形成机制，逐步建立目标价格制度。目前，我国继续在新疆实行棉花目标价格补贴政策，政策框架和目标价格水平保持稳定，同时坚持市场化方向，积极探索新型补贴方式，精准高效使用补贴资金，进一步引导新疆棉花生产提质增效。

● 什么是"农业支持保护补贴"？

"农业支持保护补贴"由农业"三补贴"合并而来，俗称三合一，其中"三补贴"指：农作物良种补贴、种粮农民直接补贴和农资综合补贴。遵照党的十八届三中全会和近年来中央一号文件关于完善农业补贴政策、改革农业补贴制度的要求和党中央、国务院统一决策部署，财政部、农业农村部针对农业补贴政策实施过程中出现的突出问题，深入开展调查研究，在充分征求和广泛听取各方面意见的基础上，提出了调整完善农业补贴政策的建议，经国务院同意，决定从 2015 年调整完善农作物良种补贴、种粮农民直接补贴和农资综合补贴等三项补贴政策。

2015 年，经国务院同意，财政部、农业农村部印发了《关于调整完善农业三项补贴政策的指导意见》。在全国范围内从农资综合补贴中调整 20% 的资金，加上种粮大户补贴试点资金和农业"三项补贴"增量资金，统筹用于支持粮食适度规模经营，重点用于支持建立完善农业信贷担保体系，同时选择部分省开展试点，将农作物良种补贴、种粮农民直接补贴和农资综合补贴合并为农业支持保护补贴，政策目标调整为支持耕地地力保护和粮食适度规模经营。

主要内容为：

1. 在全国范围内调整 20% 的农资综合补贴资金用于支持粮食适度规模经营。从中央财政提前下达的农资综合补贴中调整 20% 的资金，加上种粮大户补贴试点资金和农业"三项补贴"增量资金，统筹用于支持粮食适度规模经营。支持对象为主要粮食作物的适度规模生产经营者，重点向种粮大户、家庭农场、农民合作社、农业社会化服务组织等新型经营主体倾斜，体现"谁多种粮食，就优先支持谁"。

2. 选择部分地区开展农业"三项补贴"改革试点。

一是将 80% 的农资综合补贴存量资金，加上种粮农民直接补贴和农作物良种补贴资金，用于耕地地力保护。补贴对象为所有拥有耕地承包权的种地农民，享受补贴的农民要做到耕地不撂荒，地力不降低。补贴资金要与耕地面积或播种面积挂钩，并严格掌握补贴政策界限。用于耕地地力保护的补贴资金直接现金补贴到户。

二是 20% 的农资综合补贴存量资金，加上种粮大户补贴试点资金和农业"三项补贴"增量资金，按照全国统一调整完善政策的要求支持粮食适度规模经营。重点用于支持建立完善农业信贷担保体系，同时选择部分省开展试点，将农作物良种补贴、种粮农民直接补贴和农资综合补贴合并为农业支持保护补贴，政策目标调整为支持耕地地力保护和粮食适度规模经营。

2016 年起，在全国全面推开农业"三项补贴"改革，即将农业"三项补贴"合并为农业支持保护补贴。以绿色生态为导向，推进农业"三项补贴"由激励性补贴向功能性补贴转变，由覆盖性补贴向环节性补贴转变，提高补贴政策的指向性、精准性和实效性。

将农业"三项补贴"中直接发放给农民的补贴与耕地地力保护挂钩，明确撂荒地、改变用途等耕地不纳入补贴范围，鼓励农民秸秆还田，不露天焚烧，主动保护耕地地力，加强农业生态资源保护意识，实现"藏粮于地"，使政策目标指向更加精准，政策效果与政策目标更加一致，促进了支农政策"黄箱"改"绿箱"，进一步拓展了支持农业发展和农民增收的政策空间。通过调整部分资金支持建立健全农业信贷担保体系，并强调其政策性、独立性和专注性，既是撬动金融和社会资本支持现代农业建设，有效缓解农业农村发展资金不足问题的重要手段，也是新常态下创新财政支农机制，放大财政支农政策效应的重要举措，同时兼顾了效率与公平，适应农业产业升级对金融支持的需要，也有利于推动农村金融发展。

⦿ 金融支农有哪些政策组合拳？

习近平总书记指出，乡村振兴是党和国家的大战略，要加大真金白银的投入。农村金融在促进农业现代化、农村经济发展中发挥着重要作用。我国银行业、保险业涉农金融服务体系不断完善，信贷投放加大、产品服务创新、保险保障加强、农村普惠金融发展，助力乡村振兴。

1. 支农支小再贷款。再贷款：是指中国特有的一种货币政策工具，由于它是中央银行贷款给商业银行，再由商业银行贷给普通客户的资金，所以称为"再贷款"。

支农再贷款：是指中国人民银行对各类农村金融机构发放的贷款。中国人民银行从 1999 年开始发放支农再贷款，原来仅是作为一个货币政策操作工具，旨在支持农村信用社改进支农信贷服务，壮大支农资金实力,促进"三农"经济持续快速发展。经过10多年的发展,其内涵与外延不断突破,逐步发展成为中国人民银行支持农村金融发展的重要工具。

支小再贷款:发放对象是小型城市商业银行、农村商业银行、农村合作银行和村镇银行等四类地方性法人金融机构。支小再贷款条件设定为金融机构须实现小微企业贷款"三个不低于",即小微企业贷款增速不低于各项贷款平均增速,小微企业贷款户数不低于上年同期户数,小微企业申贷获得率不低于上年同期水平。期限设置为3个月、6个月、1年三个档次,可展期两次,期限最长可达3年。为体现对金融机构发放小微企业贷款给予利率优惠,支小再贷款利率在央行公布的贷款基准利率基础上减点确定。2020—2022年连续三年中央一号文件提出,对机构法人在县域、业务在县域的金融机构,适度扩大支农支小再贷款额度。运用支农支小再贷款、再贴现等政策工具,实施最优惠的存款准备金率,加大对机构法人在县域、业务在县域的金融机构的支持力度,推动农村金融机构回归本源。

2. 加大重点领域信贷投放。2021年6月,中国人民银行等6部门联合发布《关于金融支持巩固拓展脱贫攻坚成果 全面推进乡村振兴的意见》,提出金融机构要围绕巩固拓展脱贫攻坚成果、加大对国家乡村振兴重点帮扶县的金融资源倾斜、强化对粮食等重要农产品的融资保障、建立健全种业发展融资支持体系、支持构建现代乡村产业体系、增加对农业农村绿色发展的资金投入、研究支持乡村建设行动的有效模式、做好城乡融合发展的综合金融服务等八个重点领域,加大金融资源投入。

3. 涉农金融产品和服务创新。以小额信用贷款、产业带动贷款、新型农业经营主体贷款、民生领域贷款、农村资产抵押质押贷款、农业农村基础设施建设贷款、保险产品等十类金融产品为重点，充分发挥信贷、债券、股权、期货、保险等金融子市场合力，增强政策的针对性和可操作性。例如，中国银行推出"随时惠"为农产品加工业、乡村特色产业、乡村新型服务业客户提供"随借随还"信贷服务；工商银行推出"农耕贷"等专属产品。近年来，农业农村部组织专家团队，在梳理各地、各金融机构选送的金融支农惠农好经验、好做法的基础上，遴选出可复制、可推广、可学习借鉴的金融支农创新模式与典型案例。"中国农业银行全方位一体化金融服务国家粮食安全模式"等模式入选2022年金融支农十大创新模式。"吉林肉牛活体贷破解肉牛养殖主体融资难题案例"等十大案例入选2022年地方金融支农十大典型案例。

4. 拓展农村抵押物范围。推广农村承包土地的经营权抵押贷款业务，探索保单、农机具和大棚设施、活体畜禽、圈舍、养殖设施等抵押质押贷款业务。在农村宅基地制度改革试点地区，探索农民住房财产权（宅基地使用权）抵押贷款业务。在具备条件的地区探索开展农村集体经营性资产股份质押贷款、农垦国有农用地使用权抵押贷款、农村集体经营性建设用地使用权抵押贷款、林权抵押贷款等业务。

5. 农村信用体系建设。农村信用体系建设，是发展农村金融的一项基础工程。2020年中央一号文件提出，稳妥扩大农村普惠金融改革试点，鼓励地方政府开展县域农户、中小企业信用等级评价，加快构建线上线下相结合、"银保担"风险共担的普惠金融服务体系，推出更多免抵押、免担保、低利率、可持续的普惠金融产品。

2022年中央一号文件提出，支持市县构建域内共享的涉农信用信息数据库，用3年时间基本建成比较完善的新型农业经营主体信用体系。银行机构开展农村信用建档评级工作，对符合条件的农户和新型农业经营主体进行建档评级，力争2023年底实现对新型农业经营主体建档评级基本全覆盖。

专栏五　2022年金融支农十大创新模式与十大典型案例

2022年，各地农业农村部门积极支持配合金融机构，多点发力、精准着力，扎实开展金融服务创新实践探索，为全面推进乡村振兴、加快建设农业强国提供强有力的金融力量。农业农村部组织专家团队，在梳理各地、各金融机构选送的金融支农惠农好经验、好做法的基础上，遴选出可复制、可推广、可学习借鉴的金融支农十大创新模式与十大典型案例，现予发布。

2022年金融支农十大创新模式
创新模式一：中国农业银行全方位一体化金融服务国家粮食安全模式
创新模式二：中国农业发展银行政策性金融服务乡村振兴"整县推进"阜平模式
创新模式三：国家开发银行高标准农田建设"四方利益联动"古蔺模式
创新模式四：中国工商银行打造农村金融服务"线上＋线下"新型触达体系模式
创新模式五：中国银行多种金融工具助力市场化融资服务乡村振兴模式
创新模式六：交通银行"数据＋场景"助力乡村振兴模式
创新模式七：中国邮政储蓄银行农户普遍授信模式
创新模式八：中国人保农业保险助力大豆产能提升模式
创新模式九：中华财险"农业保险＋信贷"专项创新服务模式
创新模式十：河南农担公司新型"政银担"合作模式

2022 年地方金融支农十大典型案例
典型案例一：江西宁都农投公司统筹融资支持发展现代设施蔬菜产业案例
典型案例二：河北开展"农村金融服务专员"试点工作案例
典型案例三：吉林肉牛活体贷破解肉牛养殖主体融资难题案例
典型案例四：浙江建设"浙农险服务直通车"数字化平台体系案例
典型案例五：安徽"纳考核、强对接、抓落实"推进金融支持农业农村基础设施重大项目建设案例
典型案例六：福建新型农业经营主体管理及信用分级评价试点案例
典型案例七：山东新型农业经营主体融资数据服务平台建设案例
典型案例八：河南设立返乡创业投资基金案例
典型案例九：四川设立省级乡村振兴投资引导基金案例
典型案例十：贵州打造三产融合"平台型"投资企业案例

● 我国农业保险改革发展的方向是什么？

2019年，《关于加快农业保险高质量发展的指导意见》（以下简称《指导意见》）从顶层设计、基本原则、主要目标、保障设施等作出部署，是今后一段时期我国农业保险工作的根本遵循。

《指导意见》首次明确了农业保险的政策性属性。强调"农业保险作为分散农业生产经营风险的重要手段，对推进现代农业发展、促进乡村产业振兴、改进农村社会治理、保障农民收益等具有重要作用"。提出，到2030年，农业保险持续提质增效、转型升级，总体发展基本达到国际先进水平，实现补贴有效率、产业有保障、农民得实惠、机构可持续的多赢格局的远景目标。

强调提高农业保险服务能力、优化运行机制：

一是扩大农业保险覆盖面。推进政策性农业保险改革试点，稳步扩大关系国计民生和国家粮食安全的大宗农产品保险覆盖面,提高小农户农业保险投保率,实现愿保尽保。探索依托养殖企业和规模养殖场(户)创新养殖保险模式和财政支持方式,提高保险机构开展养殖保险的积极性。鼓励各地因地制宜开展优势特色农产品保险,逐步提高其占农业保险的比重。适时调整完善森林和草原保险制度。

二是提高农业保险保障水平。结合农业产业结构调整和生产成本变动,建立农业保险保障水平动态调整机制。推进稻谷、小麦、玉米完全成本保险和收入保险试点,推动农业保险"保价格、保收入",防范自然灾害和市场变动双重风险。稳妥有序推进收入保险,促进农户收入稳定。

三是拓宽农业保险服务领域。满足多元化的风险保障需求,探索构建涵盖财政补贴基本险、商业险和附加险等的农业保险产品体系。稳步推广指数保险、区域产量保险、涉农保险,探索开展一揽子综合险,将农机大棚、农房仓库等农业生产设施设备纳入保障范围。开发满足新型农业经营主体需求的保险产品。创新开展环境污染责任险、农产品质量险。支持开展农民短期意外伤害险。鼓励保险机构为农业对外合作提供更好的保险服务。

四是探索开展"农业保险+"。建立健全保险机构与灾害预报、农业农村、林业草原等部门的合作机制,加强农业保险赔付资金与政府救灾资金的协同运用。推进农业保险与信贷、担保、期货(权)等金融工具联动,扩大"保险+期货"试点,探索"订单农业+保险+期货(权)"试点。

● 农业保险如何发挥农民"定心丸"作用？

"农民种粮，保险护航"。近年来，在中央财政补贴政策支持下，我国农业保险快速发展，顶层设计逐步完善，农业保险产品和服务不断升级，初步建立了覆盖全国、涵盖主要大宗农产品的农业生产风险保障体系，保险已成为化解农业风险、稳定农业生产和增加农民收入的重要政策工具。自2007年中央财政实施农业保险保费补贴政策以来，我国农业保险不断扩面、增品、提标，覆盖三大粮食作物、天然橡胶、油料作物等16个大宗农产品及60余个地方优势特色农产品。初步形成了符合国情的农业保险"四梁八柱"，构建了"中央保大宗，地方保特色"的补贴体系，迎来了高质量发展的新阶段。2020年，我国农业保险保费收入815亿元，成为全球农业保险保费规模最大的国家，财政支持是加快农业保险高质量发展的重要保障。

2019年，《关于加快农业保险高质量发展的指导意见》明确提出，推进稻谷、小麦、玉米完全成本保险和收入保险试点。2021年6月18日，国务院第139次常务会议审议通过了财政部关于在13个粮食主产省份扩大三大粮食作物完全成本保险和种植收入保险实施范围的汇报。6月24日财政部会同有关部门和单位正式印发政策文件《关于扩大三大粮食作物完全成本保险和种植收入保险实施范围的通知》（以下简称《通知》），主要内容包括：

一是覆盖粮食主产省，向产粮大县倾斜。粮食主产省份三大粮食作物产量约占全国产量的80%，本次实施范围为河北、内蒙古、辽宁、吉林、黑龙江、江苏、安徽、江西、山东、河南、湖北、湖南、四川共13个粮食主产省份的产粮大县。2021年覆盖500个产粮大县，约占粮食主产省份产粮大县的 60%。2022 年实现 13 个粮食主产省份产粮大县全覆盖。

二是财政保费补贴支持，取消农户自缴比例限制。《通知》规定，中央和地方财政对投保农户保费实施补贴，补贴标准为在省级财政补贴不低于 25% 的基础上，中央财政对中西部地区和东北地区补贴 45%，对东部地区补贴 35%，未对农户自缴比例和市县财政承担比例作出要求，由实施地区省级财政结合实际自主确定。

三是加强承保机构管理，提高承保理赔精准性。为提高农业保险政策精准性、实效性，确保农户灾后理赔足额及时。承保机构要按照保本微利原则厘定保险费率，并征求当地有关部门和农户代表意见，反映经营成本的综合费用率不得高于 20%，对适度规模经营农户和小农户都要做到承保到户、定损到户、理赔到户。

对于三大主粮农业保险已有政策，与此次扩面的完全成本保险和种植收入保险政策的衔接方案为：保留直接物化成本保险；自 2022 年起取消农业大灾保险。

● 社会资本投资农业农村的重点领域和投入方式是什么？

工商资本是全面推进乡村振兴、加快农业农村现代化的重要支撑力量。2013 年中央一号文件首次提出鼓励和引导城市工商资本到农村发展适合企业化经营的种养业。各地积极出台政策措施，引导工商资本下乡。2023 年中央一号文件完善社会资本投资农业农村指引，加强资本下乡引入、使用、退出的全过程监管。工商资本有序下乡，为农业农村发展带来资金、科技、装备和先进的管理理念，国家聚焦乡村振兴重点领域，创新完善投融资机制，营造良好的营商环境，激发工商资本投资活力，更好满足多样化投融资需求。

2020年农业农村部制定印发了《社会资本投资农业农村指引》，这是第一个全国性的社会资本投资农业农村指导性文件。2021年根据党的十九届五中全会、中央一号文件、第十四个五年规划和二〇三五年远景目标纲要等明确了农业农村发展目标和重大任务，农业农村部对2020年4月制定的《社会资本投资农业农村指引》进行了修订，形成《社会资本投资农业农村指引（2021年）》。2022年农业农村部发布《社会资本投资农业农村指引（2022年）》。对标全面推进乡村振兴、加快农业农村现代化目标任务，立足当前农业农村新形势新要求，聚焦乡村发展、乡村建设、乡村治理的重点领域、关键环节，撬动更多社会资本，充分调动各方面积极性，促进农业农村经济转型升级。

社会资本投资农业农村的重点产业和领域有：现代种养业、现代种业、乡村富民产业、农产品加工流通业、乡村新型服务业、农业农村绿色发展、农业科技创新、农业农村人才培养、农业农村基础设施建设、数字乡村和智慧农业建设、农村创业创新、农村人居环境整治、农业对外合作。

创新投入方式有：

1. 完善全产业链开发模式。支持农业产业化龙头企业、农垦企业联合家庭农场、农民合作社等新型农业经营主体、小农户，加快全产业链开发和一体化经营、标准化生产，开展规模化种养，发展加工和流通。

2. 探索区域整体开发模式。支持有实力的社会资本在符合法律法规和相关规划、尊重农民意愿的前提下，立足乡村发展实际和乡村建设现状，因地制宜、稳妥有序探索区域整体开发模式。

3. 创新政府和社会资本合作模式。鼓励信贷、保险机构加大金融产品和服务创新力度，配合财政支持农业农村重大项目实施，加大投贷联动等投融资模式探索力度。

4. 探索设立乡村振兴投资基金。各地要结合当地发展实际，推动设立金融机构大力支持、社会资本广泛参与、市场化运作的乡村振兴基金。

5. 建立紧密合作的利益共赢机制。强化社会资本责任意识，让农民更多分享产业增值收益。

◉ 新时代农业农村人才建设的规划是什么？

乡村振兴，人才是关键。我国农业农村人才总量不断扩大，结构显著优化，素质大幅提升，为保障粮食安全、决胜脱贫攻坚、推进乡村振兴提供了坚强有力支撑。新型生产经营服务主体带头人蓬勃发展，农村基层组织负责人选优配强，农业公共管理队伍日益健全，农业科技创新力量不断壮大，返乡入乡创业人才异军突起。全面实施乡村振兴战略的深度、广度、难度都不亚于脱贫攻坚，对高素质人才的需求更加迫切。

农业农村部对农业农村人才的现状和需求进行了调研，对"十四五"人才队伍建设的定位方向、目标机制等进行了分析论证。在此基础上，编制形成《"十四五"农业农村人才队伍建设发展规划》。这是我部第一部面向全国农业农村领域关于人才队伍建设的规划。

"十四五"时期将重点抓好3类10支人才队伍。第一类主体人才包括农村基层组织负责人、家庭农场主、农民合作社带头人3支队伍；第二类支撑人才包括农业科研人才、社会化服务组织带头人、农业企业家、农村创业带头人4支队伍；第三类管理服务人才包括农业综合行政执法人才、农村改革服务人才、农业公共服务人才3支队伍。不同人才不同队伍，分类施策，强化示范引领。

针对3类10支人才队伍，实施9项人才培育重大工程、专项行动和提升计划。

一是农村基层干部乡村振兴主题培训计划。以履职所需的基本知识、基本能力为基础，立足基层干部岗位需要，坚持干什么学什么、缺什么补什么，有针对性地开展专业能力培训，着力提高基层干部素质和治理水平，为加快农业农村现代化、推进基层治理体系和治理能力现代化提供坚强保证。

二是乡村产业振兴带头人培育"头雁"项目。围绕全面推进乡村振兴、加快农业农村现代化要求，聚焦发展潜力大、带动能力强的家庭农场、农民合作社等新型农业经营主体的带头人，实施乡村产业振兴带头人培育"头雁"项目。

三是"神农英才"计划。按照"精准培育、重点支持、突破瓶颈、引领发展"的总体思路，聚焦农业科技重点领域，构建择优评选、分类支持、经费与政策双投入的系统化农业科技人才培育机制，打造一批能够突破关键核心技术和组织颠覆性创新重大科技任务的农业科技领军人才，支持一批具有成为农业科技领军人才潜力的青年人才，引领带动农业科技整体实力跨越式提升，为全面推进乡村振兴、加快农业农村现代化提供人才支撑和智力支持。

四是"百千万"农业企业家培育工程。组织实施百名农业企业家交流活动，讲述创业故事，发掘联农带农典型，推动企业家互学互促。

五是农村创业带头人培育行动。开展农村（含国有农场）创业带头人培育行动，优化农村创业环境，提升创业层次，不断壮大创业队伍，持续为乡村产业发展注入动能。

六是农业综合行政执法能力提升行动。细化完善农业综合行政执法事项指导目录，建立动态调整和长效管理机制。完善农业综合执法装备标准。构建部省市县四级培训机制，组织开展执法人员轮训行动。

七是农村改革服务人才轮训行动。着眼为持续深化农村综合改革、巩固拓展脱贫攻坚成果、全面实施乡村振兴战略提供更加坚强有力的人才支撑，针对现有农村改革服务人才队伍的突出短板，实施轮训行动，提高政策理论和业务水平。

八是农业公共服务能力提升行动。继续实施基层农技推广体系改革与建设补助项目，支持各地创新服务机制和组织方式开展农业技术推广工作，鼓励各地基层农业公共服务队伍开展植物保护、动物防疫、农产品质量安全检测和监管提供服务能力保障。

九是高素质农民培育计划。围绕乡村振兴人才需求，构建农民短期培训、职业技能培训和学历教育相衔接的培育机制，加快培养有文化、懂技术、善经营、会管理的高素质农民队伍，为加快农业农村现代化提供有力人才支撑。

富裕

第七编 深化改革挖潜力

柒

◉ 赋予农民更加充分的财产权益的着力点是什么？

党的二十大报告指出，深化农村土地制度改革，赋予农民更加充分的财产权益。2023年中央一号文件提出，深化农村土地制度改革，扎实搞好确权，稳步推进赋权，有序实现活权，让农民更多分享改革红利。

赋予农民更加充分的财产权益，必须围绕农民与土地的关系这一主线，深化改革，在激活农村资源要素、激发内在活力，通过"确权、赋权、活权"，提高农民的财产性收入，促进共同富裕。改革主要从以下四个方面展开：

一是承包地方面，重点是稳步推进第二轮土地承包到期后再延长30年试点，逐步扩大试点范围，坚持大稳定小调整，确保大多数农户原有承包权保持稳定、顺利延包，有条件的地方可在农民自愿的前提下，结合农田集中连片整理探索解决细碎化的问题。

二是宅基地方面，稳慎推进农村宅基地制度改革试点，聚焦保障居住、管住乱建、盘活闲置，在确权登记颁证基础上加强规范管理，探索完善集体所有权、农户资格权、宅基地使用权等权利内容及其配置的实现形式。

三是集体经营性建设用地方面，重点是深化农村集体经营性建设用地入市试点，要探索建立兼顾国家、农村集体经济组织和农民利益的土地增值收益有效调节机制。

四是农村集体经济方面，巩固拓展改革成果。既要抓好运行机制的完善，推动构建产权关系明晰、治理架构科学、经营方式稳健、收益分配合理的运行机制，也要探索多样化发展途径，推行资源发包、物业出租、居间服务、资产参股等多种模式，提高集体经济收入和服务带动能力。同时，要健全农村集体资产监管体系，充分保障集体成员的知情权、参与权、经营权。

除了要赋予农民更加充分的财产权益，还要建立健全有利于城乡要素合理配置、平等交换、双向流动的体制机制，为乡村振兴注入新动能，促进城乡融合发展，增强农业农村发展活力。

● 农村土地"三权分置"改革的核心内涵是什么？

三权指农村土地所有权、承包权、经营权。"三权分置"改革是继家庭联产承包责任制后农村改革的又一重大制度创新，也是中央关于农村土地问题出台的又一重大政策。

2015年党的十八届五中全会明确要求，完善土地所有权、承包权、经营权分置办法。2017年党的十九大报告要求，完善承包地"三权分置"制度。实行"三权分置"，坚持集体所有权，稳定农户承包权，放活土地经营权，实现了农民集体、承包农户、新型农业经营主体对土地权利的共享，使农村基本经营制度焕发出新的生机和活力。

改革开放之初，农村土地实行家庭联产承包责任制，即所有权归集体，承包经营权归农户的"两权分离"。随着社会主义市场经济的不断发展完善，按照归属清晰、权能完整、流转顺畅、保护严格的产权制度要求，中央开展了农村土地集体所有权、农户承包经营权的确权登记颁证，向农民"确实权、颁铁证"，稳定农村土地承包关系并保持长久不变；随着城镇化推进，顺应农民保留自己的土地承包权流转土地经营权的意愿，将土地承包经营权分为承包权和经营权，实行所有权、承包权、经营权"三权分置"并行。

中共中央办公厅、国务院办公厅印发《关于完善农村土地所有权承包权经营权分置办法的意见》，对"三权分置"作出系统全面的制度安排，围绕正确处理农民和土地关系这一改革主线，科学界定"三权"内涵、权利边界及相互关系，主要包含三个方面：

一是始终坚持农村土地集体所有权的根本地位。农村土地农民集体所有，是农村基本经营制度的根本，必须得到充分体现和保障，不能虚置。土地集体所有权人对集体土地依法享有占有、使用、收益和处分的权利。农民集体是土地集体所有权的权利主体，在完善"三权分置"办法过程中，要充分维护农民集体对承包地发包、调整、监督、收回等各项权能，发挥土地集体所有的优势和作用。

二是严格保护农户承包权。农户享有土地承包权是农村基本经营制度的基础，要稳定现有土地承包关系并保持长久不变。土地承包权人对承包土地依法享有占有、使用和收益的权利。农村集体土地由作为本集体经济组织成员的农民家庭承包，不论经营权如何流转，集体土地承包权都属于农民家庭。任何组织和个人都不能取代农民家庭的土地承包地位，都不能非法剥夺和限制农户的土地承包权。在完善"三权分置"办法过程中，要充分维护承包农户使用、流转、抵押、退出承包地等各项权能。

三是加快放活土地经营权。赋予经营主体更有保障的土地经营权，是完善农村基本经营制度的关键。土地经营权人对流转土地依法享有在一定期限内占有、耕作并取得相应收益的权利。在依法保护集体所有权和农户承包权的前提下，平等保护经营主体依流转合同取得的土地经营权，保障其有稳定的经营预期。在完善"三权分置"办法过程中，要依法维护经营主体从事农业生产所需的各项权利，使土地资源得到更有效合理的利用。

逐步建立规范高效的"三权"运行机制，不断健全归属清晰、权能完整、流转顺畅、保护严格的农村土地产权制度，优化土地资源配置，培育新型经营主体，促进适度规模经营发展，进一步巩固和完善农村基本经营制度，为发展现代农业、增加农民收入、建设社会主义新农村提供坚实保障。

● 农民土地承包经营权确权登记颁证进展如何？

开展农村承包地确权登记颁证，是巩固和完善农村基本经营制度的重要举措。农村承包地确权登记颁证是一项历史性、群众性、基础性工作。在党中央、国务院坚强领导下，经过各地各部门不懈努力，在2018年底基本完成。

2007年物权法颁布实施之后，中央即提出开展农村土地承包经营权确权登记颁证工作。随后，中央要求建立土地承包经营权登记制度，并开展试点。自2008年开始，各地各部门通过先整村整乡试点，后整县整市试点，再向全省全国推开的方式，积极稳妥推进。根据农业农村部数据，截至2019年底，全国共有2838个县（市、区）和开发区、3.4万个乡镇、55万多个行政村完成农村承包地确权登记颁证工作，将10 000万公顷承包地确权给承包农户，签订了承包合同，为近2亿户农户颁发了土地承包经营权证书，颁证率达到96%。

通过确权，完善了土地承包合同，建立了土地承包经营权登记簿，颁发了土地承包经营权证书，承包农户行使占有、使用、流转、收益等权利以及维护合法权益有了法定凭证，强化了物权保护。通过对 11 亿个地块进行精准测量，清理 2 亿多户农户档案资料，摸清了家底。通过完善农村土地承包经营纠纷调处长效机制，化解了大量矛盾，解决了大量历史遗留问题。通过确权颁证，有利于进城农民放心流转土地，优化土地资源配置，促进了多种形式适度规模经营，全国已有 1239 个县（市、区）、18731 个乡镇建立农村土地经营权流转服务中心。2019 年家庭承包耕地流转面积约 3 700 万公顷。

"确实权、颁铁证"，广大农民拿到了土地承包权的红本本。另一方面，合作组织、家庭农场、专业大户、龙头企业等各种类型新型经营主体蓬勃发展，也带动着越来越多的普通农户成为现代农业的参与者和获益者。

农村承包地确权登记颁证成果，也是扎实推进第二轮土地承包到期后再延长 30 年工作的坚固基础，保持农村土地承包关系稳定并长久不变，维护好亿万农民合法权益。

● 土地经营权可以流转抵押吗？

土地经营权可以流转。新修订后的农村土地承包法明确了承包方可以自主决定依法采取出租（转包）、入股或者其他方式向他人流转土地经营权，并向发包方备案。经承包方书面同意，并向本集体经济组织备案，受让方可以再流转土地经营权。

明确了土地经营权人有权在合同约定的期限内占有农村土地，自主开展农业生产经营并取得收益。经承包方同意，受让方可以依法投资改良土壤，建设农业生产附属、配套设施，并按照合同约定对其投资部分获得合理补偿。为稳定经营者预期、促进其放心投入提供了重要保障。

2021年1月,农业农村部发布《农村土地经营权流转管理办法》,明确了土地经营权流转条件、流转方式、流转合同、流转管理,规范土地经营权流转行为,保障流转当事人合法权益,加快农业农村现代化。在依法保护集体所有权和农户承包权的前提下,就平等保护经营主体依流转合同取得的土地经营权,增加了一些具体规定,有助于进一步放活土地经营权,使土地资源得到更有效合理的利用。

关于土地经营权的融资担保。修订后的农村土地承包法规定,承包方可以用承包地的土地经营权向金融机构融资担保,并向发包方备案。受让方通过流转取得的土地经营权,经承包方书面同意并向发包方备案,可以向金融机构融资担保。通过招标、拍卖、公开协商等方式承包农村土地,经依法登记取得权属证书的,可以依法采取出租、入股、抵押或者其他方式流转土地经营权。

此前,为了缓解农业领域因缺乏有效抵押物导致的贷款难贷款贵问题,拓宽农业经营主体发展生产的资金来源,根据《国务院关于开展农村承包土地的经营权和农民住房财产权抵押贷款试点的指导意见》和《全国人民代表大会常务委员会关于延长授权国务院在北京市大兴区等232个试点县(市、区)、天津市蓟县等59个试点县(市、区)行政区域分别暂时调整实施有关法律规定的决定》精神,2016年,中国人民银行等5部门印发《农村承包土地的经营权抵押贷款试点暂行办法》的通知,自2016年起开展了农村承包土地经营权抵押贷款试点。从试点地区的情况看,农地贷款盘活了农村资源,较好满足了涉农企业和种植大户的资金需求。但试点工作也面临不少实践阻碍和法律困境。新修订的农村土地承包法为银行农地贷款的发放提供了法律指引。

● **如何盘活闲置宅基地和闲置住宅？**

农村宅基地和住宅是农民的基本生活资料和重要财产，积极稳妥开展农村闲置宅基地和闲置住宅盘活利用工作，对于增加农民收入、促进城乡融合发展和推动乡村振兴具有重要意义。

2014年底，新一轮农村土地制度改革大幕开启。习近平总书记主持召开中央全面深化改革领导小组第七次会议。会议审议了《关于农村土地征收、集体经营性建设用地入市、宅基地制度改革试点工作的意见》。会议指出，坚持土地公有制性质不改变、耕地红线不突破、农民利益不受损三条底线，在试点基础上有序推进。2015年1月，中共中央办公厅、国务院办公厅联合印发了《关于农村土地征收、集体经营性建设用地入市、宅基地制度改革试点工作的意见》。农村"三块地"改革：农村土地征收、集体经营性建设用地入市、宅基地制度改革，在全国33个地区开始试点。2020年6月30日，中央全面深化改革委员会第十四次会议审议通过《深化农村宅基地制度改革试点方案》，由农业农村部农村合作经济指导司指导各地有序开展宅基地制度改革试点指导评估工作。

2019年新修订的土地管理法细化了宅基地管理有关规定。主要有以下四个方面：一是明确农业农村主管部门负责宅基地改革和管理有关工作。二是进一步健全宅基地权益保障方式。人均土地少、不能保障一户拥有一处宅基地的地区，县级人民政府在充分尊重农村村民意愿的基础上，可以采取措施，按照省、自治区、直辖市规定的标准保障农村村民实现户有所居。三是下放宅基地审批权限。

农村村民住宅用地，由乡（镇）人民政府审核批准，其中，涉及占用农用地的，依法办理审批手续。四是提出宅基地自愿有偿退出和闲置宅基地盘活利用的概念。国家允许进城落户的农村村民依法自愿有偿退出宅基地，鼓励农村集体经济组织及其成员盘活利用闲置宅基地和闲置住宅。

2019年中央一号文件提出，稳慎推进农村宅基地制度改革，拓展改革试点，丰富试点内容，完善制度设计。为充分加强农民权益保护，中央农办、农业农村部印发了《关于进一步加强农村宅基地管理的通知》，明确提出依法保护农民合法权益，不得以各种名义违背农民意愿强制流转宅基地和强迫农民"上楼"。2020年中央一号文件提出严格农村宅基地管理，加强对乡镇审批宅基地监管，防止土地占用失控。扎实推进宅基地使用权确权登记颁证。以探索宅基地所有权、资格权、使用权"三权分置"为重点，进一步深化农村宅基地制度改革试点。2021年中央一号文件提出加强宅基地管理，稳慎推进农村宅基地制度改革试点，探索宅基地所有权、资格权、使用权分置有效实现形式。规范开展房地一体宅基地日常登记颁证工作。2023年中央一号文件提出稳慎推进农村宅基地制度改革试点，切实摸清底数，加快房地一体宅基地确权登记颁证，加强规范管理，妥善化解历史遗留问题，探索宅基地"三权分置"有效实现形式。农业农村部印发了《农村宅基地基础信息调查工作指南》《农村宅基地基础信息调查技术规程》《农村宅基地数据库规范》等技术文件，为试点地区开展宅基地信息化建设提供支撑。农村宅基地调查摸底、确权登记等基础工作全面推开。

2021年1月，自然资源部、国家发改委、农业农村部联合印发

《关于保障和规范农村一二三产业融合发展用地的通知》，提出在符合国土空间规划前提下，鼓励对依法登记的宅基地等农村建设用地进行复合利用，发展乡村民宿、农产品初加工、电子商务等农村产业。

农业农村部提出，在充分保障农民宅基地合法权益的前提下，支持农村集体经济组织及其成员采取自营、出租、入股、合作等多种方式盘活利用农村闲置宅基地和闲置住宅。鼓励部分省份地方党委政府重视、农村集体经济组织健全、农村宅基地管理规范、乡村产业发展有基础、农民群众积极性高的地区，有序开展农村闲置宅基地和闲置住宅盘活利用试点示范。突出乡村产业特色，整合资源创建一批民宿（农家乐）集中村、乡村旅游目的地、家庭工场、手工作坊等盘活利用样板。

● 如何规范农村集体经营性建设用地入市？

农村集体经营性建设用地入市，事关农民切身利益。《关于农村土地征收、集体经营性建设用地入市、宅基地制度改革试点工作的意见》中明确提出，要完善农村集体经营性建设用地产权制度，赋予农村集体经营性建设用地出让、租赁、入股权能。试点工作到2019年底正式结束，历时近5年，取得的成效，被2019年审议通过的土地管理法修正案广泛吸收。

2021年9月起施行的《土地管理法实施条例》在"第四章建设用地管理"中单列"第五节"集体经营性建设用地管理，在新土地管理法关于集体经营性建设用地入市规定基础上，进一步明确了入市交易规则，包括出让、出租的入市主体、入市程序、入市方案、交易方式、权利义务等具体办法。农村集体经营性建设用地可以直接进入市场流转，改变了过去农村土地必须征为国有才能进入市场的局面。推动了城乡统一的建设用地市场建设。将大幅度增加农民的土地财产收入，赋予农民更多财产权利。

2023年中央一号文件提出深化农村集体经营性建设用地入市试点，探索建立兼顾国家、农村集体经济组织和农民利益的土地增值收益有效调节机制。2023年2月28日自然资源部办公厅联合国家市场监督管理总局办公厅下发《关于印发〈集体经营性建设用地使用权出让合同〉〈集体经营性建设用地使用权出让监管协议〉示范文本（试点试行）的通知》。

在随后自然资源部举办的自然资源部开展深化农村集体经营性建设用地入市试点工作视频培训中，自然资源部强调了入市工作的"二三二"原则，具体如下：

"二"是指要抓住"两项前置条件"，加快完成国土空间规划编制特别是实用性村庄规划，完成集体土地所有权和使用权确权登记；

"三"是指要紧盯"三项负面清单"，不能通过农用地转为新增建设用地入市，不能把农民的宅基地纳入入市范围，符合入市条件的土地不能搞商品房开发；

"二"是指要探索"两项重点机制"，兼顾国家、集体和农民个人的入市土地增值收益调节机制，保护农民集体和个人权益、保障市场主体愿用、会用入市土地的权益保护机制。

专栏六　浙江德清"农地入市"改革释放农村"红利"

一幅土地增效、农民增收、集体壮大和产业升级相辅相成的改革画卷，正在莫干山畔的浙江省德清县展开。

2014年12月，习近平总书记主持召开中央全面深化改革领导小组第七次会议。会议在审议《关于农村土地征收、集体经营性建设用地入市、宅基地制度改革试点工作的意见》时指出，要始终把实现好、维护好、发展好农民权益作为出发点和落脚点，坚持土地公有制性质不改变、耕地红线不突破、农民利益不受损三条底线，在试点基础上有序推进。

德清县作为全国15个农村集体经营性建设用地入市改革试点县（市、区）之一，截至目前已实现农地入市208宗，面积1593.64亩，成交金额4.22亿元，集体收益3.39亿元，惠及农民和农民群众18余万人。

"死产"变活 激活创业

世居莫干山下的赵建龙，5年前花了100多万元买下莫干山镇仙潭村一处废弃厂房，准备开拓民宿产业。但因为没有土地使用权，也没法改变用途，赵建龙的百万元资产只能"睡"在山谷里。

2015年2月，德清县启动农村集体经营性建设用地入市试点，"睡地"被唤醒。当年8月，废弃厂房所处6.06亩土地也被赵建龙以协议出让价买入。

土地有了"合法身份"，赵建龙凭借集体土地使用证，于当年9月6日完成了全国第一笔农村集体经营性建设用地使用权抵押贷款，项目建设很快启动。

"我做梦都在想拥有产权的厂房，现在终于等到了。"位于洛舍镇的恒凯乐器有限公司总经理施恒凯说。

他创办的钢琴企业，多年来都是租用村里的旧蚕场，"最担心场地被收回"。2017年，村里挂出了200多亩土地"上市"出让，14

家钢琴企业联合拍下 68.56 亩出让地。如今，恒凯自建的两幢新厂房已投入使用。

土地"生金"农民受益

2015 年，钟管镇戈亭村的 6 宗地块成功入市，村里获得分红 177.41 万元。

以前是心有顾虑，现在是政策鼓励。截至 2018 年底，全村入市农地面积 26.88 亩，村集体分红收益 352.62 万元。

集体经济壮大，助力乡村"换颜"。戈亭村第一书记沈伟良说，村里先后投资新建了桥梁 2 座，拓宽柏油路 1.5 公里，街道立面改造 2500 米，疏浚河道 8 公里，成功跨入"美丽乡村精品示范村"行列。

石矿开采曾经是洛舍镇东衡村的支柱产业，石矿被整顿关闭后，村集体收入明显下降。2015 年以来，东衡村整理出近 600 亩废弃矿山土地打造众创园，联合周边 7 个经济薄弱村在众创园建设标准厂房出租。2018 年底开始，按每个村投资的 15% 享受分红，极大提升了村集体经济组织的"造血"功能。

德清县委书记王琴英说，通过不断深化农村集体经营性建设用地入市改革，改善了人居环境，促进了百姓增收，有效推进乡村振兴。

延伸用途 化解困扰

这些天，乾元镇恒星村党总支书记徐建国特别忙。

村里一块约 4 亩的集体土地，10 月底要完成"入市"，土地勘测及公寓楼设计、医疗服务站、职工活动室、小型超市等设施布局，都需要他"把关"。

恒星村紧靠工业功能区，周边企业多，园区内多数企业没有职工宿舍，村庄环境卫生和新居民管理一直是重难点。徐建国说："项目一旦完成，改善新居民的居住环境、提升周边环境等一系列问题都将迎刃而解。"

雷甸镇塘北村也遭遇着相同的"困扰"，周边工业企业多，新居民更是户籍人口的 2 倍多。村党委书记马琦荣说，他们近期将拿出 100 亩集体土地，以每亩 24 万元价钱出让，收入用于完成建设新居民公寓楼、停车场等公共设施。

记者从德清县有关部门了解，德清的试点已从涉及工业用地层面，正式向教育、养老、安居保障等公共用途延伸拓展，将置换出的更多"农地"投放到公共领域和社会保障领域。

（岳德亮：《"死产"变活 土地"生金"——浙江德清"农地入市"改革释放农村"红利"》，中国政府网，2019 年 10 月 21 日，https://www.gov.cn/xinwen/2019-10/21/content_5442892.htm）

- **农村集体经营性建设用地使用权可以抵押贷款吗？**

农村集体经营性建设用地使用权可以抵押贷款。

为规范推进农村集体经营性建设用地使用权抵押贷款工作，根据《中共中央办公厅 国务院办公厅印发〈关于农村土地征收、集体经营性建设用地入市、宅基地制度改革试点工作的意见〉的通知》和《全国人民代表大会常务委员会关于授权国务院在北京市大兴区等三十三个试点县（市、区）行政区域暂时调整实施有关法律规定的决定》精神，2016 年银监会联合国土资源部制定了《农村集体经营性建设用地使用权抵押贷款管理暂行办法》（以下简称《办法》），从地区范围、土地类型、贷款管理以及风险控制等方面对该项业务作出明确规定。

根据《办法》界定，农村集体经营性建设用地是指存量农村集体建设用地中，土地利用总体规划和城乡规划确定为工矿仓储、商服等经营性用途的土地。《办法》明确，允许开展抵押贷款的农村集体经营性建设用地仅限于国家确定的 15 个入市改革试点县（市、区）地区。《办法》规定，以出让、租赁、作价出资（入股）方式入市的和尚未入市但具备入市条件的农村集体经营性建设用地使用权可以办理抵押贷款。农村集体经营性建设用地使用权抵押的，地上的建筑物应一并抵押。《办法》自发布之日起施行，有效期至 2017 年 12 月 31 日，与入市试点时限保持一致。

2019 年中国银保监会办公厅 自然资源部办公厅发布《关于延长农村集体经营性建设用地使用权抵押贷款工作试点期限的通知》，将《农村集体经营性建设用地使用权抵押贷款管理暂行办法》有效期延长至 2019 年 12 月 31 日。

2019 年通过的《中华人民共和国土地管理法》修正案中，最大的亮点就是集体经营性建设用地入市，赋予了集体建设用地与国有建设用地同等的权益。通过出让等方式取得的集体经营性建设用地使用权可以转让、互换、出资、赠与或者抵押，但法律、行政法规另有规定或者土地所有权人、土地使用权人签订的书面合同另有约定的除外。集体经营性建设用地的出租，集体建设用地使用权的出让及其最高年限、转让、互换、出资、赠与、抵押等，参照同类用途的国有建设用地执行。具体办法由国务院制定。

● **新修订的《中华人民共和国土地管理法》对土地征收有什么新规定？**

2015 年 3 月，为稳妥审慎推进试点工作，国土资源部研究制定了农村土地征收、集体经营性建设用地入市和宅基地制度改革试点实施细则。其中，土地征收制度改革试点实施细则明确要求缩小征地范围，界定公共利益用地范围。33个试点城市都制定了征地目录。试点城市的经验为修法提供了实践支持。新修订的《中华人民共和国土地管理法》在总结试点经验的基础上，在改革土地征收制度方面作出了一些调整：

1. 明确界定公共利益范围。因军事和外交、政府组织实施的基础设施、公共事业、扶贫搬迁和保障性安居工程建设需要以及成片开发建设等6种情形，确需征收的，可以依法实施征收。其中，在土地利用总体规划确定的城镇建设用地范围内组织实施成片开发建设范围内允许政府征地，是将城镇建设本身视为"公共利益"，推进高质量的城镇化是增进人民福祉、促进经济社会发展、解决发展不充分不平衡的社会主要矛盾的必经之路。

2. 明确征收补偿的基本原则。省、自治区、直辖市应当制定公布区片综合地价，确定征收农用地的土地补偿费、安置补助费标准，并制定土地补偿费、安置补助费分配办法。地上附着物和青苗等的补偿费用，归其所有权人所有。社会保障费用主要用于符合条件的被征地农民的养老保险等社会保险缴费补贴，按照省、自治区、直辖市的规定单独列支。

3. 明确征收预公告。需要征收土地，县级以上地方人民政府认为符合土地管理法第四十五条规定的，应当发布征收土地预公告，并开展拟征收土地现状调查和社会稳定风险评估。征收土地预公告应当包括征收范围、征收目的、开展土地现状调查的安排等内容。征收土地预公告应当采用有利于社会公众知晓的方式，在拟征收土地所在的乡（镇）和村、村民小组范围内发布，预公告时间不少于十个工作日。自征收土地预公告发布之日起，任何单位和个人不得在拟征收范围内抢栽抢建；违反规定抢栽抢建的，对抢栽抢建部分不予补偿。

◉ 如何盘活农村集体资产资源？

农村集体产权制度事关农民的根本利益。改革农村集体产权制度，完善集体产权权能，有助于实现农民对集体资产的占有、使用和收益分配的权利，增加农民财产权利，拓宽农民增收渠道，使农民共享农村改革发展成果。党的十九大报告指出，深化农村集体产权制度改革，保障农民财产权益，壮大集体经济。随后，国家出台了一系列深化农村集体产权制度改革的文件和政策。

目前，农村集体产权制度改革阶段性任务基本完成。农村集体资产清产核资全面完成，集体经济组织成员身份全面确认，经营性资产股份合作制改革稳步推进。根据农业农村部数据，截至 2021 年底，全国共确认集体成员约 9 亿人。全国共建立农村集体经济组织约 97 万个，其中，乡级 993 个、村级 57 万个、组级 39.5 万个；全部在农业农村部门注册登记，领到《农村集体经济组织登记证书》。2021 年，全国集体经济总收入 6684.9 亿元，年经营收益超过 5 万元的村达到 59.2%。2021 年向成员分红 748.4 亿元。

2023 年中央一号文件提出，巩固提升农村集体产权制度改革成果，构建产权关系明晰、治理架构科学、经营方式稳健、收益分配合理的运行机制，探索资源发包、物业出租、居间服务、资产参股等多样化途径发展新型农村集体经济。健全农村集体资产监管体系。

保障妇女在农村集体经济组织中的合法权益。

各地立足资源禀赋、区位优势，开展"资源变资产、资金变股金、农民变股东"改革，探索自主经营、联合经营、股份合作经营等多种经营方式，拓宽集体经济发展路径，促进集体经济发展壮大。在各地的实践探索中，新型农村集体经济发展的路径越来越清晰。四川省绵阳市为农户提供生产经营服务，解决一家一户办不了、办不好或办起来不合算的事情，通过集体流转、农户复耕、生产托管等办法，让"撂荒地"变"金土地"；山西省新绛县142个粮食种植村的村集体发挥桥梁纽带作用，由集体经济组织发挥居间作用，一手牵社会化服务组织，一手牵农户，村均增收约3万元；重庆市盘活集体林地、草地、水域、闲置农房等资源，充分激活农村资源要素，为村集体经济组织增加经营性收入。

农村集体资产管理制度逐步健全。农业农村部组织开展集体资产清查工作，要求各地农村集体经济组织建立健全财务管理制度，加强财务信息管理，完善财务监督，控制财务风险，实现集体资产保值增值。农村"三资"管理规范、公开透明，提升了村民参与基层治理热情，也有利于盘活村集体资产。如"福州市惠民资金网"微信小程序上线农村集体"三资"网上查询功能，越来越多的村民可以随时查看村集体的资金、资产、资源。农村集体"三资"公开透明，不仅激活村民参与基层治理的热情，也顺势盘活村集体资产，让村集体"钱袋子"更鼓了。